职业教育新能源汽车技术专业创新教材

Xinnengyuan Qiche
Chongdian yu Fuzhu Xitong Jianxiu

新能源汽车充电与辅助系统检修

北京教盟博飞汽车科技有限公司　组织编写

宋广辉　张东伟　主　编
单翔鹭　李曙辉　孙　丽　副主编
赵　霞　主　审

人民交通出版社股份有限公司

北京

内　容　提　要

本书是职业教育新能源汽车技术专业创新教材。全书包括5个项目、10个任务,主要介绍了新能源汽车充电系统、低压电源系统、暖风及空调系统、制动及转向系统,以及车载局域网络、车载互联网络系统的结构原理与检修。

本书可作为职业院校新能源汽车技术专业教学用书,也可以作为汽车维修专业培训用书和相关技术人员的参考书。

图书在版编目(CIP)数据

新能源汽车充电与辅助系统检修/北京教盟博飞汽车科技有限公司组织编写;宋广辉,张东伟主编. —北京:人民交通出版社股份有限公司,2022.6
ISBN 978-7-114-17921-1

Ⅰ.①新… Ⅱ.①北… ②宋… ③张… Ⅲ.①新能源—汽车—充电—检修—职业教育—教材 Ⅳ.
①U469.720.7

中国版本图书馆 CIP 数据核字(2022)第 064428 号

书　　名:	新能源汽车充电与辅助系统检修
著　作　者:	北京教盟博飞汽车科技有限公司
	宋广辉　张东伟
责任编辑:	时　旭
责任校对:	孙国靖　魏佳宁
责任印制:	刘高彤
出版发行:	人民交通出版社股份有限公司
地　　址:	(100011)北京市朝阳区安定门外外馆斜街3号
网　　址:	http://www.ccpcl.com.cn
销售电话:	(010)59757973
总 经 销:	人民交通出版社股份有限公司发行部
经　　销:	各地新华书店
印　　刷:	北京市密东印刷有限公司
开　　本:	787×1092　1/16
印　　张:	12
字　　数:	278 千
版　　次:	2022 年 6 月　第 1 版
印　　次:	2024 年 1 月　第 2 次印刷
书　　号:	ISBN 978-7-114-17921-1
定　　价:	48.00 元(含教材+任务工单)

(有印刷、装订质量问题的图书,由本公司负责调换)

职业教育新能源汽车技术专业创新教材编审委员会

主　任：尹万建　阚有波

副主任：吴荣辉　李洪港

委　员：(按姓氏笔画排序)

丁宪伟　马长春　王玉珊　王　杰　王爱兵
包科杰　田晓鸿　冯本勇　冯志福　冯相民
孙　丽　刘海峰　朱　岸　江鲁安　李凤琪
李治国　李　健　李港涛　李曙辉　吕晓光
吕　翱　吴晓斌　宋广辉　宋进德　肖　强
陈　宁　杜　伟　周　峰　周茂杰　孟繁营
张东伟　张振群　郑　振　武晓斌　单翔鹭
郜振海　赵　翔　高　武　顾建疆　贾军涛
徐艳飞　殷国松　梁洪波　梁海明　康雪峰
商　卫　曾　鑫　蔺宏良　魏垂浩

前言

近年来,在国家政策的支持下,新能源汽车得到飞速的发展,由此带来的汽车后市场将需要大量新能源汽车销售、维修及其他各方面的服务人才。目前,全国大多数的职业院校开设了新能源汽车专业或新能源汽车相关课程,以满足汽车行业对人才的需求。

为了满足职业院校对新能源汽车教材及教辅资源的需求,由北京教盟博飞汽车科技有限公司和安莱(北京)汽车技术研究院课程开发团队主导,联合汽车行业新能源汽车培训专家和职业院校教育专家,共同编写了这套新能源汽车教材。本套教材以新能源汽车的使用和维修为方向,改变以往新能源汽车课程偏重设计制造技术,导致理论性太强的缺点,使课程更符合职业教育的特点及汽车行业实际情况。

本套教材结合新能源汽车相关企业岗位需求,针对企业高频的典型工作任务进行教学加工,以工作过程为主线,以任务驱动为主要形式的开发思路进行编写,包括《新能源汽车概论》《新能源汽车高压安全与防护》《新能源汽车动力电池与驱动电机》《新能源汽车充电与辅助系统检修》《新能源汽车维护与故障诊断》共5种。

为了提高读者的学习兴趣,并且便于其理解,本教材配套开发了多媒体动画及实训视频,并设置二维码。读者只需要采用智能手机或平板电脑扫描书中对应的二维码,即可学习相关资源的知识。为了方便教师教学,同期开发了教材配套的教学资源:课程标准、教学设计、任务工单、教学课件、配套试题、实训视频、多媒体动画、维修案例等。更多的教学资源请登录新能源汽车资源库(地址为http://edu.885car.com)。

《新能源汽车充电与辅助系统检修》是新能源汽车的核心课程,是新能源汽车系列课程的重要组成部分。《新能源汽车充电与辅助系统检修》全书条理清晰,层次分明;全面、形象、生动地阐述了新能源汽车充电系统、低压电源系统、暖风及空调系统、制动及转向系统,以及车载局域网络、车载互联网络系统的结构原理与检修。本书内容包括5个项目,10个工作任务,涉及的车型包括当前市场上主流的比亚迪、北汽新能源、上汽荣威、吉利帝豪、丰田普锐斯/卡罗拉等纯电动汽车和混合动力电动汽车等。

本书由北京教盟博飞汽车科技有限公司组织编写。济南职业学院宋广辉、石家庄工程技术学校张东伟担任主编,大连市金州区中等职业技术专业学校单翔鹭、北京汽车技师学院李曙辉、包头职业技术学院孙丽担任副主编,威海市职业中等专业学校丁宪伟担任参编。全书由赵霞担任主审。

  由于编者水平和经验有限,书中难免存在缺点和疏漏,恳请广大读者批评指正。

编审委员会
2021 年 12 月

目 录

项目一 新能源汽车充电系统结构原理与检修 ········· 1
- 任务1　新能源汽车充电系统结构原理认知 ········· 1
- 任务2　新能源汽车充电系统检修 ········· 16

项目二 新能源汽车低压电源系统结构原理与检修 ········· 32
- 任务1　新能源汽车低压电源系统结构原理认知 ········· 32
- 任务2　新能源汽车低压电源系统检修 ········· 39

项目三 新能源汽车暖风及空调系统结构原理与检修 ········· 54
- 任务1　新能源汽车暖风及空调系统结构原理认知 ········· 54
- 任务2　新能源汽车暖风及空调系统检修 ········· 65

项目四 新能源汽车制动及转向系统结构原理与检修 ········· 83
- 任务1　新能源汽车电控制动系统结构原理与检修 ········· 83
- 任务2　新能源汽车电动转向系统结构原理与检修 ········· 107

项目五 新能源汽车其他辅助系统结构原理与检修 ········· 120
- 任务1　新能源汽车车载局域网络系统结构原理与检修 ········· 120
- 任务2　新能源汽车车载互联网系统认知与应用 ········· 131

参考文献 ········· 144

项目一

新能源汽车充电系统结构原理与检修

本项目的主要内容为新能源汽车充电系统结构原理与检修,分为 2 个任务:
任务 1　新能源汽车充电系统结构原理认知;
任务 2　新能源汽车充电系统检修。
通过 2 个任务学习,了解新能源汽车的充电系统,掌握新能源汽车充电的基本方法和特点,以及充电桩的使用和检修方法,为新能源汽车的维修打下基础。

任务 1　新能源汽车充电系统结构原理认知

作为一名纯电动汽车销售人员,客户需要你向其介绍日常充电的方式,以及快充和慢充的利弊,以便于客户更了解自己的爱车,你能完成这个任务吗?

任务要求

● 知识要求

1. 能够描述新能源汽车充电技术的概况;
2. 能够描述新能源汽车充电的方法及优缺点;
3. 能够描述新能源汽车充电系统组成与工作原理;

4. 能够描述新能源汽车充电操作及注意事项。

能力要求

1. 能够向客户介绍新能源汽车充电方法及特点；
2. 能够进行新能源汽车充电操作。

素质要求

1. 培养良好的职业道德和工匠精神；
2. 培养安全意识和团队协作精神；
3. 培养自我管理和自主学习能力。

相关知识

1. 新能源汽车充电技术的概况

新能源汽车，特别是纯电动汽车的充电技术，最关键的问题是如何实现高效率的快速充电。这关系到充电器的容量和性能、电网的承载能力和动力蓄电池的承受能力等。随着动力蓄电池充放电速度的不断提高，充电系统的性能也在不断改进，以满足在不同应用情况下的快速充电需求。由于电力的储运和使用比汽油方便得多，充电设施的建造也呈现出多样性和灵活性，既可以为集中式的充电站，也可以将其设置在马路边、停车场、购物中心等任何方便停车的地方。除了固定充电装置以外，新能源（电动）汽车还带有车载充电器，不仅可以利用家里的插座对其进行充电，还可以在用电高峰期把电力逆变后返送回电网。目前根据不同的汽车动力蓄电池电压和容量、充电速度要求，以及对电网供电容量等因素的考量，固定充电器的容量一般为 15~100kW，输出电压一般为 50~500V。车载充电器容量则在 3kW 左右。

由于快速充电系统需要强大的瞬时功率，所以在快速充电设施中，电网的承载能力是一个关键的制约因素。如果想进一步提高充电速度，基本上不可能通过从普通电网直接供电来实现。为了解决这个矛盾，技术人员正着手研发新一代带有储能缓冲环节的超快速充电系统。虽然这项技术目前还处于早期发展阶段，但已经有示范系统对其进行展示。汽车在行驶中充电叫作在线充电，这是技术人员将要研究和开发的技术之一。这种技术一旦实施，车载的电池容量将降低。随着新能源汽车市场的迅速发展，这些技术将会得到广泛的应用，并产生巨大的经济效益。

充电系统是能源补给系统，图 1-1-1 所示为新能源汽车充电系统结构组成。充电系统主要由充电桩、充电线（含充电枪）、车载充电器、高压控制盒、动力蓄电池、DC/DC 变换器、低压蓄电池以及各种高压线束和低压控制线束等组成。以下介绍新能源汽车充电系统主要组成部分：充电桩和车载充电器。

新能源汽车充电系统结构原理与检修　项目一

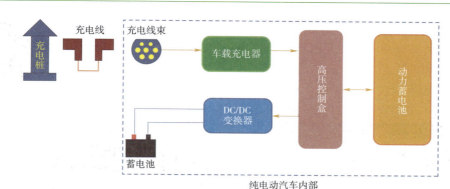

图 1-1-1　充电系统结构组成示意图

1）充电桩

充电桩作为新能源（电动）汽车充电系统的配套设施，有交流充电桩和直流充电桩两种类型。

（1）交流充电桩。

图 1-1-2 所示为交流充电桩，俗称"慢充"，是固定安装在车辆外部，与家用交流电网连接，为车载充电器（即固定安装在电动汽车上的充电器）提供交流电源的供电装置。交流充电桩只提供电力输出，没有充电功能，需连接车载充电器为电动汽车充电。交流充电桩实际上只起控制电源的作用。

（2）直流充电桩。

图 1-1-3 所示为直流充电桩，俗称"快充"，是固定安装在车辆外部，与动力交流电网连接，可以直接为电动汽车或已经拆卸下来的动力蓄电池提供直流电源的供电装置。直流充电桩的输入电源采用三相四线 380V 交流电，频率为 50Hz，输出为可调直流电，直接（不经过车载充电器）为电动汽车的动力蓄电池充电。

为了方便用户使用，有些充电桩设计成交直流一体的形式，如图 1-1-4 所示。

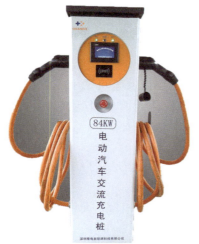
图 1-1-2　交流充电桩

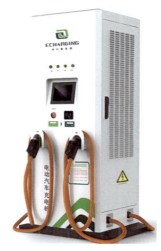
图 1-1-3　直流充电桩

图 1-1-4　交直流一体充电桩

2）车载充电器

车载充电器也称车载充电机（On-board Charger，简称 OBC）。车载充电器是充电系统的重要组成部件,在"慢充"充电模式时,将220V交流电转化为直流电,实现动力蓄电池电量的补给。车载充电器既有独立安装的形式,也有与其他高压部件集成一体的形式。图1-1-5所示为北汽新能源汽车(EV160、EV200)独立安装的车载充电器,图1-1-6所示为EC180与DC/DC变换器集成一体的车载充电器,图1-1-7是车载充电器内部结构图。

车载充电机

图1-1-5 独立安装的车载充电器

图1-1-6 EC180与DC/DC变换器集成一体的车载充电器

2.新能源汽车充电的方法及特点

新能源汽车动力蓄电池充电的方法主要有常规充电(交流慢充)和快速充电(直流快充)以及更换电池的方式等。

图1-1-7 车载充电器内部结构

交流慢充和直流快充方式的区别如下:

(1)交流充电(慢充)主要由家用电源插头和交流充电桩接入交流充电口,通过车载充电器将220V交流电转为330V直流电(以比亚迪E6为例)为动力蓄电池充电。

(2)直流充电(快充)主要由充电站的充电桩将直流高压电直接通过直流充电口(不经过车载充电器)给动力蓄电池充电。

1)常规充电

蓄电池在放电终止后,应立即对其充电(在特殊情况下也不应超过24h)。常规充电方法为采用小电流(约15A)的恒压或恒流充电,一般充电时间为5~8h,甚至可达10~20h,因此称其为"慢充"或"交流慢充"。这种充电方式利用车载充电器进行交直流转换,接家用220V交流电即可。图1-1-8所示为壁挂式交流充电桩,可安装在车库内使用。

常规充电方式适用情况主要有:

(1)用户对电动汽车行驶里程的要求相对较低,车辆行驶里程能满足用户1天使用需要,在车辆晚间停运时间完成充电。

(2)由于慢充充电电流和充电功率比较小,因此在居民区、停车场和公共充电站都可以进行充电。

(3)规模较大的集中充电站,能够同时为多辆电动汽车提供停车场地并进行充电。

常规充电方式的优点如下:

(1)尽管充电时间较长,但所用功率和电流的额定值并不关键,充电桩自身和安装成本比较低。

（2）可充分利用电力低谷时段进行充电，降低充电成本。

近年来，我国电网的高峰负荷增长很快，峰谷差逐年拉大（北京电网峰谷差达40%），造成较多发电资源闲置。电动汽车依靠充电桩可以在夜间低谷充电，有利于改善电网运行质量，减少电网为平衡峰谷差投入的费用，基本上不增加电网的负荷。

（3）可提高充电效率和延长电池的使用寿命。与快速充电相反，常规充电的充电电流小，有利于提高充电效率和延长电池的使用寿命。

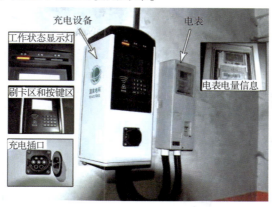

图 1-1-8　壁挂式充电桩

常规充电方式的主要缺点为充电时间过长，难以满足车辆紧急运行的需求。此外，城市的建筑密度也无法满足电动汽车对充电桩的需求，城市建筑结构以高楼为主，地面停车场数量有限，这样会造成部分车充不上电的情况。这种充电方式通常适用于续驶里程大的电动汽车，仅仅利用晚间停运时间进行充电即可满足车辆一天运营的需要。

交流充电关键技术如下：

（1）各种恶劣环境的适应性技术：高低温、高热、高湿、风沙、凝露、雨水；露天/市内使用等。

（2）充电安全防护技术：漏电、短路、误插拔防护、断线防护、倾倒防护、防误操作等。

（3）充电桩高互换性技术：物理接口、电气接口、通信协议等，实现充电桩和不同车型的电动汽车充电的兼容互换。

（4）灵活的计量计费技术：与各种不同运营模式的结合。

（5）友好方便的人机交互技术：适应不同层次、不同水平的操作者。

（6）充电桩的运行管理与综合监控。

（7）有序充电及与电网的互动技术。

2）快速充电

常规充电方式的时间较长，给实际使用带来诸多不便。快速充电方式的出现，为电动汽车的商业化提供了技术支持。

快速充电又称直流快充或应急充电，在短时间（20min～2h）内，以较大直流电流为电动汽车提供快速充电服务，一般充电电流为150～400A。

快速充电方式的优点是充电时间短。但是，相对常规充电方式，快速充电也存在一定的缺点：

(1)"快充"实际并不快,而且降低动力蓄电池使用寿命。

受电池技术影响,目前电动汽车使用最多的是锂电池。锂是比钠还要活跃的金属元素之一,快充易使锂离子太过活跃,导致电池中的电解液发生沉淀,产生气泡现象,甚至会导致电池爆炸等安全事故。因此充电电流不宜过大。目前市面上各大厂商都在宣传其电动汽车快速充电时间在10min左右,实际上以目前技术来看,该种宣传不现实。以比亚迪E6纯电动汽车的磷酸铁锂电池为例,其安全的快速充电时间仍然需要2h。

电动汽车充电速度快慢与充电器功率、电池充电特性和温度等紧密相关。在目前的电池技术水平下,即使进行快速充电,也需要30min左右才能充电到电池容量的80%。超过80%后,为保护电池安全,充电电流必须变小,继续充电到电池容量的100%的时间将较长。此外,在冬天气温较低时,电池要求充电电流变小,充电时间会更长些。

传统燃油汽车加油整个流程为5~8min,充电站如果无法提供15min以内的快充充电服务,基本就失去了其社会基础建设的功能性。

(2)充电站成本较高,盈利模式值得商榷。

充电站的建设需要充电桩、送变电设施、铺设专用电缆以及新建监控系统等。不包括建设用地成本,一个充电站的成本在300万~500万元左右。这样的高成本,在电动汽车还没完全普及的情况下,难以维持充电站运营。图1-1-9所示为具备快速充电功能的电动汽车充电站。

直流充电关键技术如下:

(1)高性能直流充电器技术:效率、谐波、使用寿命。

图1-1-9 电动汽车充电站

(2)直流充电环境适应性技术:宽的温度范围、户外使用时凝露、风沙防护等。

(3)安全防护技术:漏电防护、短路防护、误插拔防护、断线防护、倾倒防护、防误操作、防止带电插拔等。

(4)充电器的高互换性技术:物理接口、电气接口、通信协议的高度兼容互换。

(5)直流充电与电网的接口、有序充电以及与电网的互动技术。

3)更换电池方式

充电难、充电时间长、续驶里程短的问题,一直困扰着新能源汽车用户。北汽新能源提出"嫌充电慢不如去换电"的想法,与北京石油签订战略合作协议,双方合作开展新技术、新产业,并在企业生产和管理的应用。第一步就是利用加油站场地资源建设换电站,最先受益的是北京电动出租车。

即便是快速充电方式,充满电的时间在1h以上,部分车辆甚至需要2h,严重影响了出租车的运营效率。北汽新能源开发的"换电版"车型换一块充满电的电池仅需3min甚至更短,比普通燃油车加油还快,不仅可以提高运营效率,还可以实现出租车的双班运营,提高出租车公司的效益。

直接更换电动汽车的动力蓄电池组时需要考虑的是:由于动力蓄电池组重量较大,更换电池的专业化要求较强,需配备专业人员借助专业机械来快速完成电池的更换、充电和维护。图 1-1-10 所示是动力蓄电池换电站更换的场景。

采用这种模式,具有如下优点:

(1)电动汽车用户可租用充满电的动力蓄电池,更换需要充电的动力蓄电池,有利于提高车辆使用效率,也提高了用户使用的方便性和快捷性。

图 1-1-10　动力蓄电池换电站

(2)对更换下来的动力蓄电池,可以利用低谷时段进行充电,降低了充电成本,提高了车辆运行经济性。

(3)同时解决了充电时间乃至蓄存电荷量、电池质量、续驶里程不足及价格高等难题。

(4)可以及时发现电池组中单元电池的故障,对于电池的维护工作将具有积极意义。电池组放电深度的降低也将有利于提高电池的寿命。

应用这种模式面临的几个主要问题是:电池与电动汽车的标准化;电动汽车的设计改进、充电站的建设和运营管理,以及电池的流通管理等。

3. 新能源汽车充电系统组成与工作原理

以下以北汽新能源纯电动汽车为例,介绍充电系统的结构组成与工作原理。

1)充电系统低压设计的功能

纯电动汽车充电系统的低压部分主要是用于低压供电及控制信号。

(1)车载充电器相关低压部分。

12V 电源(低压蓄电池)供电:供充电过程中的 BMS、VCU、仪表等用电。

CAN 通信:BMS 通过 CAN 通信控制车载充电器工作状态。

充电系统相关的 CAN 网络如图 1-1-11 所示。

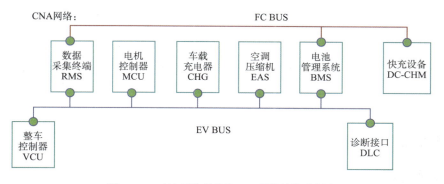

图 1-1-11　充电系统相关的 CAN 网络结构示意图

(2)DC/DC 变换器低压部分。

通过使能方式(即控制信号的输入和输出)控制 DC/DC 变换器开关机,提供 12V 电源给整车低压系统用电。

低压充电系统控制方式如图 1-1-12 所示。

(3)其他相关的低压部分。

如充电接口相关低压部分等。

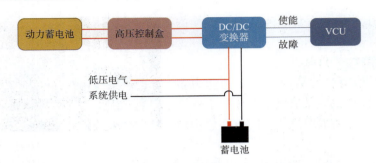

图 1-1-12　低压充电系统控制方式

2）慢充和快充控制策略

（1）充电系统控制过程。

动力蓄电池的充电过程由 BMS 进行控制及保护。车载充电器工作状态及指令均由 BMS 发出的指令进行控制，包括工作模式指令、动力蓄电池允许最大电压、充电允许最大电流、加热状态电流值。

快充和慢充的流程均采用恒流—恒压充电方法，在不同温度范围内以恒定电流充电至动力蓄电池组总电压达到或最高单体电压达到此温度条件下的规定电压值，以恒定电压充电至电流小于 0.8A 后停止充电。慢充的控制顺序见表 1-1-1。

慢充的控制顺序表　　　　　　　　　　　　　　　　　　　　　　　　　表 1-1-1

车载充电器	动力蓄电池及 BMS	VCU、仪表及数据采集终端
220V 上电	待机	待机
12V 低压供电等待指令	唤醒	
接收指令并执行加热流程	BMS 检测电池状态并发送加热指令	
接收指令并停止工作	BMS 监测电池温度并发送停止指令	唤醒
接收指令并执行充电流程	BMS 待充电器反馈后发送充电指令	
接收指令并停止工作	BMS 监控电池状态并发送完成指令	
完成后 1 min 控制充电桩结算	待机	待机

（2）充电温度与充电电流的要求。

快充充电温度与充电电流要求见表 1-1-2。

快充充电温度与充电电流要求　　　　　　　　　　　　　　　　　　　表 1-1-2

温度	小于 5℃	5℃~15℃	5℃~45℃	大于 45℃
可充电电流	0A	20A	50A	0A
备注	恒流充电至 343V/3.5V 以后转为恒压充电方式			

慢充充电温度与充电电流要求见表 1-1-3。

慢充充电温度与充电电流要求　　　　　　　　　　　　　　　　　　　表 1-1-3

温度	小于 0℃	0℃~55℃	大于 55℃
可充电电流	0A	10A	0A
备注	当电芯（单体电池）最高电压高于 3.6V 时，降低充电电流到 5A，当电芯电压达到 3.7V 时，充电电流为 0A，请求停止充电		

3)快充模式充电系统组成和原理

(1)组成。

在快充模式下,充电系统主要由充电桩(直流快充桩)、快充接口、高压控制盒、动力蓄电池、整车控制器、高压线束和低压控制线束等组成。

(2)快充模式充电系统结构原理图。

快充模式充电系统结构原理如图 1-1-13 所示。

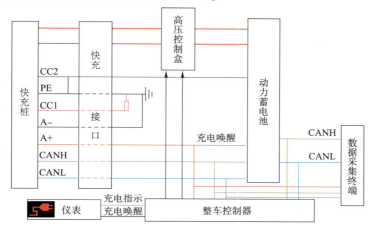

图 1-1-13　快充模式充电系统结构原理图

整车控制器是快速充电功能的主控模块。将快速充电接口由充电桩连接至车辆快充接口以后,整车控制器通过 CC1 和 CC2 线判断充电接口已经正确连接,并启用唤醒线路 A+唤醒车辆内部充电系统电路及部件。整车控制器通过输出高压接触器接通指令至高压控制盒,实现快速充电桩与动力蓄电池之间高压电路的接通。接通并实现充电时,整车控制器向仪表输出正在充电显示信息。

(3)充电条件要求。

①充电线连接确认信号正常。

②BMS 供电电源正常(12V)。

③充电唤醒信号输出正常(12V)。

④充电桩、VCU、BMS 之间通信正常(主继电器闭合、发送电流强度需求)。

⑤动力蓄电池单体电池(电芯)温度大于 5℃并且小于 45 ℃。

⑥单体电池最高电压与最低电压差小于 0.3V。

⑦单体电池最高温度与最低温度差小于 15 ℃。

⑧绝缘性能大于 20MΩ。

⑨实际单体电池最高电压不大于额定单体电池电压 0.4V。

⑩高、低压电路连接正常。

4)慢充模式充电系统组成和原理

(1)组成。

在慢充模式下,充电系统主要由供电设备(充电桩)、慢充接口、车载充电器(充电机)、高压控制盒、动力蓄电池、整车控制器(VCU)、高压线束和低压控制线束等组成。

（2）慢充模式充电系统结构原理图。

慢充模式充电系统结构原理图，如图1-1-14所示。

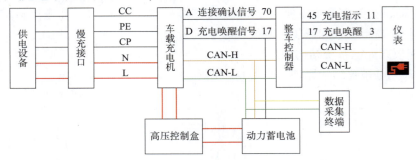

图1-1-14　慢充模式充电系统结构原理图

充电枪连接通过车载充电器（充电机）反馈到整车控制器，再唤醒仪表显示连接状态（负触发）；充电机同时唤醒整车控制器和动力蓄电池管理模块（正触发），整车控制器唤醒仪表启动，显示充电状态（负触发）；正、负主继电器由整车控制器发出指令，由动力蓄电池管理模块控制闭合。

充电控制过程如下：

①充电枪连接确认后（CC信号），交流供电。

②充电唤醒（CP信号）。

③BMS检测充电需求。

④BMS给车载充电器（充电机）发送工作指令并闭合继电器。

⑤车载充电器开始工作，进行充电。

⑥BMS检测电池充电完成后，给车载充电器发送停止指令。

⑦车载充电器停止工作。

⑧BMS断开继电器。

（3）充电条件要求。

①充电线连接确认信号（CC）正常。

②车载充电器供电电源正常（含220V和12V）及充电器工作正常。

③充电唤醒信号（CP）输出正常（12V）。

④车载充电器、VCU、BMS之间通信正常（主继电器闭合、发送电流强度需求）。

⑤动力蓄电池单体电池（电芯）温度大于0℃并且小于45℃。

⑥单体电池最高电压与最低电压差小于0.3V。

⑦单体电池最高温度与最低温度差小于15℃。

⑧绝缘性能大于20MΩ。

⑨实际单体电池最高电压不大于额定单体电池电压0.4V。

⑩高、低压电路连接正常。

4. 充电操作及注意事项

1）充电电源选择

新能源汽车正在逐步普及，然而目前充电和行程问题成为普及推广的主要瓶颈。新能源汽车用户在给电动汽车选择充电电源时需要注意以下事项。

由于目前的充电站覆盖点少等缺陷,导致电动汽车用户无法方便地对自己的爱车进行充电。因此,有的用户就会在家里拉出电线,私自改造充电接口,对电动汽车充电,这种充电方式存在安全隐患(图1-1-15)。目前电动汽车车载充电器功率一般3kW左右,采用220V家用电的电流大概在16A左右,而一般情况下入户电流容量最大不超过16A,因此家用电器线路可能会因过载工作而引起火灾。

图1-1-15 私拉电线安全隐患

我国在电动汽车充电方面有相关标准,建议用户使用充电桩进行充电,因为充电桩能根据供电电源的容量自动限制车载充电器的充电功率,并能在出现故障后安全可靠切断电源,避免火灾等事故发生。标准中不建议在没有充电桩的情况下进行充电,更是禁止在没有充电桩的情况下采用三相工业用电进行充电。电动汽车用户需要注意的是,如不按照国家标准或不按照电动汽车充电方式使用手册进行充电,如发生事故,用户是不能得到国家的相关标准保护。针对这种情况,有的城市出台了相关政策,购买电动汽车可标配充电桩,用户以后就可以在物业小区里申请安装充电桩对汽车充电。

2)交流充电(慢充)充电桩和充电口选择

(1)慢充充电桩。

慢充充电的充电桩和主要技术参数如图1-1-16所示。充电桩可以采用停车位桩体式(落地安装)(250V/AC 32A/16A)和家用车库挂壁式(250V/AC 16A)充电桩,也可以采用家用插座交流充电器(240V/AC 8A)。如图1-1-17所示,是随车配置的家用充电器。

项 目	参 数	项 目	参 数
充电连接器	IEC/GB	安装	落地安装 挂壁安装
人机界面	LCD/LED/VFD 键盘	通信	RS485/2G/3G
计费装置	RFID/IC card	环境温度	-20 ~ +50℃
供电	220V±10% 50±1Hz	环境湿度	5% ~ 95%
输出电压	单相 AC 220V±10%	海拔	≤2000m
输出电流	≤32A	平均无故障 工作时间	≥8760h
IP	IP55		

图1-1-16 交流充电桩和主要技术参数

(2)慢充充电口。

慢充充电口在实车上的位置,一般设置在前后车标、车身侧面传统油箱盖等位置,如图1-1-18所示。

3)直流充电(快充)充电桩和充电口选择

(1)快充充电桩。

直流充电的充电桩和主要技术参数如图1-1-19所示。

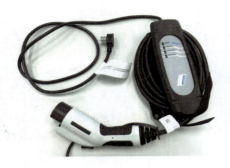

图 1-1-17　家用插座交流充电器

图 1-1-18　慢充充电口的位置

内　　容	技术指标
额定输出电压	DC750V(200～750V)
额定输出电流	DC100A/250A/400A
输出稳压精度	≤±0.5%
输出稳流精度	≤±1%
功率因数	≥0.99(含 APFC)
效率	≥93%(半载以上)

图 1-1-19　直流充电的充电桩和主要技术参数

（2）快充充电口。

快充充电口在实车上的位置如图 1-1-20 所示。

图 1-1-20　快充充电口在实车上的位置

4）充电时的注意事项

（1）插电式混合动力电动汽车插有充电电缆时不要加油，与易燃物品保持充足、安全的距离。否则未按规定插入或拔出充电电缆时，存在因燃油燃烧等导致人员受伤或物品损坏的危险。

（2）通过家用插座为动力蓄电池充电会导致插座上出现较高持续负荷，因此必须遵守操作说明。

（3）切勿自行维修或改进充电电缆，不要使用非标准适配器或延长电缆。

（4）充电结束后首先拔出车辆一端的充电插头，然后再拔出充电桩一端的充电插头。

（5）避免绊倒危险以及注意充电电缆和插座机械负荷。

(6)必须使用防潮和防侵蚀的插座,不要使用损坏的插座和充电电缆。

(7)为动力蓄电池充电时,充电插头和充电电缆可能会变热。如果过热,则充电插座可能不适用进行充电或充电电缆已损坏,应立即中止充电并让电气专业人员进行检查。

(8)如果反复出现充电故障或中断情况时,联系具有资质的维修人员。

(9)不要用手指或物体接触插头触点区域。

(10)进行清洁前将电缆两侧均拔出,注意电缆不要浸入液体内。

(11)充电期间不允许进行自动洗车。

(12)仅在经过电气专业人员检查的插座上进行充电。在不了解的基础设施/插座上充电时,应阅读并遵守用户手册内的特殊说明。在车上将充电电流设置为"较低"。

(一)工作准备

(1)防护装备:常规实训着装。

(2)车辆、台架、总成:比亚迪 E6 或其他新能源汽车。

(3)专用工具、设备:充电桩。

(4)手工工具:无。

(5)辅助材料:无。

(二)实施步骤

1.新能源汽车充电系统结构识别

根据实训室的车辆配置,参照前文内容,识别新能源汽车充电系统的组成部件,并能够介绍其功能、原理,以及慢充、快充的区别和特点。

2.新能源汽车充电规范操作

> 注意:
> (1)动力蓄电池充电过程中,电池管理系统会自动控制充电电流的大小,当动力蓄电池充至满电状态时,电池管理系统会自动终止对动力蓄电池包的充电。
> (2)当环境温度太低时,插上充电接头以后,电池管理系统会自动先对电池进行加热,当温度合适以后才对动力蓄电池进行充电。

以下以比亚迪 E6 纯电动汽车的交流慢充为例,介绍新能源汽车充电操作步骤。

(1)将电动汽车倒入充电专用停车位,关闭点火开关,打开交流充电口盖(外盖和内盖),如图 1-1-21 所示。

新能源汽车充电规范操作

(2)按下充电枪锁止按钮,从充电桩上拔出充电枪,如图 1-1-22 所示。

图 1-1-21　打开充电口盖　　　　　　　图 1-1-22　从充电桩上拔出充电枪

(3)将充电枪插入车辆的交流充电口,如图 1-1-23 所示。
(4)根据车辆仪表及充电桩显示屏提示,等待充电桩与车辆连接充电,如图 1-1-24 所示。

图 1-1-23　将充电枪插入交流充电口　　　图 1-1-24　等待充电桩与车辆连接充电

(5)车辆仪表及充电桩显示屏提示"连接成功"后,等待车辆充电完毕,如图 1-1-25 所示。
(6)充电完毕后,按下充电枪锁止按钮,拔出充电枪,如图 1-1-26 所示。

图 1-1-25　等待车辆充电　　　　　　　图 1-1-26　拔出充电枪

(7)关闭车辆充电口内盖,如图 1-1-27 所示。
(8)关闭车辆充电口外盖,如图 1-1-28 所示。
(9)将充电枪插入充电桩。如图 1-1-29 所示。
(10)充电完成,根据规定支付充电费用。

图 1-1-27　关闭车辆充电口内盖

图 1-1-28　关闭充电口外盖

图 1-1-29　将充电枪插入充电桩

学习测试

1. 填空题

（1）新能源汽车充电系统最关键的问题是如何能实现高效率的_____。

（2）新能源汽车动力蓄电池充电的方法主要有_____和_____以及更换电池的方式等。

（3）常规蓄电池的充电方法都采用_____的恒压或恒流充电。

（4）直流充电（快充）是将直流高压电直接通过_____给动力蓄电池充电。

（5）在慢充模式下，充电系统主要由供电设备（充电桩）、_____、_____、高压控制盒、动力蓄电池、整车控制器（VCU）、高压线束和低压控制线束等组成。

2. 判断题

（1）充电电流越大越好。　　　　　　　　　　　　　　　　　　　　　　　（　　）

（2）快速充电又称应急充电，30min 就可以充电 100%。　　　　　　　　　（　　）

（3）慢充可以有效延长电池寿命。　　　　　　　　　　　　　　　　　　　（　　）

（4）常规充电模式的主要缺点为充电时间过长，当车辆有紧急运行需求时难以满足。
　　　　　　　　　　　　　　　　　　　　　　　　　　　　　　　　　　（　　）

（5）车载充电器的功能是将输入的直流电转换成交流电输出，为动力蓄电池充电。
　　　　　　　　　　　　　　　　　　　　　　　　　　　　　　　　　　（　　）

3. 单项选择题

(1) 蓄电池在放电终止后,应立即充电,采用慢充模式时,充电电流相当低,约为(　　)
  A. 10 A　　　　　　B. 15 A　　　　　　C. 20 A　　　　　　D. 25 A

(2) 快速充电时,要求实际单体电池最高电压不大于额定单体电池电压(　　)
  A. 0.2 V　　　　　B. 0.3 V　　　　　C. 0.4 V　　　　　D. 0.5 V

(3) 北汽新能源等厂家为解决电动出租汽车充电难、充电时间长、续驶里程短的问题,而采取的措施是(　　)
  A. 直流快充　　　　　　　　　　　　B. 交流慢充
  C. 更换动力蓄电池　　　　　　　　　D. 上门服务

(4) 车载充电器用于(　　)充电模式
  A. 快充　　　　　　B. 慢充　　　　　　C. 都采用　　　　　　D. 都不采用

(5) 快充和慢充的采用方法是(　　)。
  A. 恒流—恒压充电　　　　　　　　　B. 恒流—变压充电
  C. 变流—恒压充电　　　　　　　　　D. 变流—变压充电

任务 2　新能源汽车充电系统检修

提出任务

一辆新能源汽车出现无法充电的情况,你的主管诊断该车的车载充电器已损坏,你能进一步确认并进行更换吗?

任务要求

知识要求

1. 能够描述车载充电器的功能、位置、电路和参数;
2. 能够描述新能源汽车充电接口和通信协议;
3. 能够描述新能源汽车充电系统故障诊断和检修方法。

能力要求

1. 能够进行车载充电器的拆装;

2. 能够进行充电口的识别与检测。

素质要求

1. 培养良好的职业道德和工匠精神；
2. 培养安全意识和团队协作精神；
3. 培养自我管理和自主学习能力。

相关知识

1. 车载充电器的功能、位置、电路和参数

车载充电器(On-board Charger,简称 OBC)也称车载充电机。车载充电器是充电系统的重要组成部件,慢充(交流)充电必须经过车载充电器完成。

1) 车载充电器的功能

车载充电器具备如下的功能：

(1) 车载充电器将输入的交流电转换成直流电输出,为动力蓄电池充电。

(2) 车载充电器工作过程需要与充电桩、BMS、VCU 等部件进行通信。

(3) 车载充电器根据动力蓄电池需求,可调节输出功率。

(4) 电源切断时,为避免立即断电对电器模块造成大电压的冲击,增加了软关断控制器。给高压负载提供卸载的时间。当钥匙从 ON 位置关闭时,高压电源会延迟 3s 断电。

2) 车载充电器的安装位置

早期的电动汽车,其车载充电器通常单独设计。如图 1-2-1 所示,北汽新能源纯电动汽车(非装备 PDU 的车型)的车载充电器安装在前机舱。如图 1-2-2 所示,比亚迪 E6 车载充电器位于车辆后部。

图 1-2-1　北汽车载充电器安装位置

图 1-2-2　比亚迪 E6 车载充电器安装位置

目前常见的大部分电动汽车将车载充电器与其他部件集成一体。如图 1-2-3 所示,北汽新能源的新款车型将车载充电器、DC/DC 变换器、高压控制盒集成为一体,称电控动力总成(PDU 或 PEU)。如图 1-2-4 所示,比亚迪 E5 纯电动汽车"四合一"高压电控总成集成了驱动电机控制器、DC/DC 变换器、高压控制盒和车载充电器的功能。

图 1-2-3　北汽新能源的 PDU

图 1-2-4　比亚迪 E5 的高压电控总成

3）车载充电器的电路

以比亚迪为例介绍车载充电器电路及线束端子的功能，其他车型参照维修手册及其他技术资料。图 1-2-5 是比亚迪 E6 充电系统电路图。

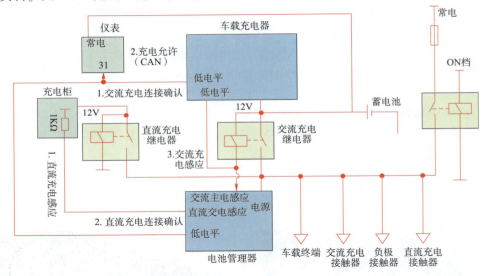

图 1-2-5　比亚迪 E6 充电系统电路图

图 1-2-6 是比亚迪 E6 车载充电器的线束功能图。

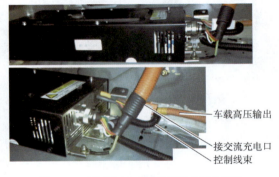

图 1-2-6　比亚迪 E6 车载充电器线束功能图

图 1-2-7 是比亚迪 E6 车载充电器接线端子功能图。

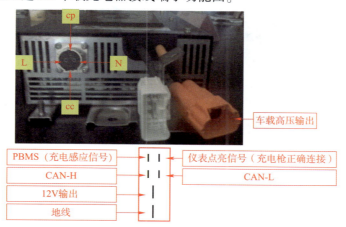

图 1-2-7　比亚迪 E6 车载充电器端子功能图

4）车载充电器技术参数

（1）比亚迪 E6 车载充电器的技术参数见表 1-2-1。

比亚迪 E6 车载充电器技术参数表　　　　　　　　　　　　表 1-2-1

项　目	参　数	备　注
输入电压	220V/AC	—
输入电流	交流额定 14A	满功率充电：使用 16A 以上充电桩或类似设备
高压输出	200V/DC-400V/DC	给动力蓄电池充电，根据动力蓄电池额定电压调整
低压输出	12V/DC	给低压蓄电池充电

（2）北汽新能源车载充电器的技术参数见表 1-2-2。

北汽车载充电的技术参数表　　　　　　　　　　　　表 1-2-2

项　目	参　数	备　注
输入电压	220V/AC	—
输出电压	240-410V/DC	给动力蓄电池充电，根据动力蓄电池额定电压调整
功率	3.3kW	根据充电枪确定
输入电流	12A	—
输出电流	8A	—

2. 充电接口和通信协议

1）充电口的类型与功能

充电口也称充电接口或充电插口，是指用于连接活动的充电电缆（充电桩的充电枪）和电动汽车的充电部件。图 1-2-8 所示是吉利帝豪 EV450 纯电动汽车交流充电口（前）和直流充电口（后）的位置。我国的国家标准《电动汽车传导充电用连接装置　第 2 部分：交流充电接口》（GB/T 20234.2—2015）规定了交流与直流接口的标准，交流接口采用 7 针的设计（图 1-2-9）；《电动汽车传导充电用连接装置　第 3 部分：直流充电接口》（GB/T 20234.3—2015）规定了直流充电接口的标准，直流接口采用 9 针的设计（图 1-2-10）。

图 1-2-8　吉利帝豪 EV450 纯电动汽车的充电口

图 1-2-9　交流充电口(7 针)

图 1-2-10　直流充电口(9 针)

需要说明的是,并非所有新能源车型都同时采用直流和交流两种充电接口,有些动力蓄电池容量较低的车型(如北汽 EC180 等),只配置交流慢充接口。插电式混合动力电动汽车通常也只配置交流慢充接口。

除了充电连接功能外,有些电动车辆的充电口具有锁止功能和放电功能。

(1)功能一:锁止功能。

当直流充电或交流充电电流大于 16A 时,供电接口(充电枪)和车辆接口(车辆充电口)应具有锁止功能。因此供电接口和车辆接口应安装锁止装置,防止充电过程中的意外断开。

充电枪(插头端)应安装机械锁止装置,供电设备应能判断机械锁是否可靠锁止。车辆接口的电子锁(图 1-2-11)处于锁止位置时,机械锁应无法操作。供电设备应能判断电子锁是否可靠锁止,当机械锁或电子锁未可靠锁止时,供电设备应停止充电或不启动充电。如图 1-2-12 是充电接口锁止功能示意图。

图 1-2-11　电子锁外形图

充电口电子锁开启的条件如下:

①仪表设置启用电锁(图 1-2-13)。

②插上充电枪。

③闭锁车门或充电启动中。

(2)功能二:放电功能。

有的车型(如比亚迪的大部分车型)可以利用充电口对外放电,为车外其他用电设备供电。

图 1-2-14 所示是比亚迪纯电动汽车对外放电的操作,在点火开关 OFF 位置时,按"放电"按键即可对外放电。

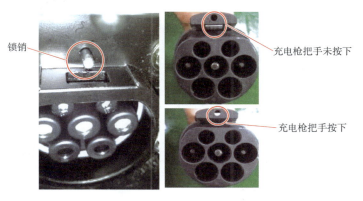

图 1-2-12 充电接口锁止功能示意图

图 1-2-13 充电口电锁工作模式设置

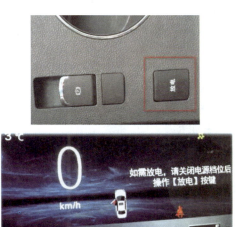

图 1-2-14 比亚迪纯电动汽车对外放电

图 1-2-15 所示是比亚迪双模混合动力(DM)电动车型无需设置即可直接为功率≤3kW 的家用电器供电。

其他车型可以通过仪表设置等方式对外放电,请参阅相关车型使用说明书及技术资料。

2)充电口的端子说明

目前市场上主流的电动汽车充电口端子的数量和定义都符合国家及国际通用的标准,各种车型都一致。充电口(快充口和慢充口)的结构如图 1-2-16 所示。

(1)慢充充电口。

图 1-2-17 所示是比亚迪 E5 慢充充电口,分为单相和三相两种类型。

慢充充电口各端子的定义说明如图 1-2-18 所示。

图1-2-15 比亚迪DM车型直接为家用电器供电

图1-2-16 充电口的结构

a)单相

b)三相

图1-2-17 慢充口的实物图(比亚迪E5)

快充口与慢充口结构

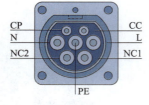

图1-2-18 慢充(交流)口端子说明

①CC端子为充电连接确认,规格:0-30V 2A。

车辆充电系统通过CC与PE(车身搭铁)之间的电阻来判断充电枪插头是否与车辆插座完全连接,并根据电阻值确认充电枪的功率。

CC与PE之间的电阻值对应充电枪功率见表1-2-3(以比亚迪车型为例)。

CC与PE电阻值对应充电枪功率表　　　　　表1-2-3

充电枪(充电器)功率	CC与PE电阻值
3.3kW及以下	680Ω
7kW	220Ω
40kW	100Ω
VTOL(预留)	2kΩ
VTOV(预留)	100Ω

②CP端子为充电控制确认,规格:0-30V 2A。

车辆充电系统通过CP的PWM脉冲占空比确认当前供电设备支持的最大充电电流。

③L端子为交流电源(单相、三相),规格:单相250V 10A/16A/32A;三相440V 16A/32A/63A。

④NC2端子为交流电源(三相),规格:三相440V 16A/32A/63A。

⑤NC3端子为交流电源(三相),规格:三相440V 16A/32A/63A。

⑥N端子为中线(单相、三相),规格:单相250V 10A/16A/32A;三相440V/16A/32A/63A。

⑦PE 端子为保护搭铁线。

（2）快充充电口。

图 1-2-19 是比亚迪 E5 快充充电口的实物图。快充充电口各端子的定义说明如图 1-2-20 所示。

 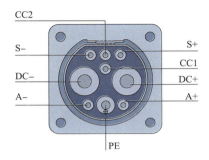

图 1-2-19　快充口的实物图（比亚迪 E5）　　　图 1-2-20　快充（直流）口端子说明

①DC＋端子为直流电源正,规格:750/1000V、80A/125A/200A/250A。

②DC－端子为直流电源负,规格:750/1000V、80A/125A/200A/250A。

③S＋端子为充电通信 CAN-H,规格:0-30V 2A。

④S－端子为充电通信 CAN-L,规格:0-30V 2A。

⑤CC1 端子为充电确认线,充电桩（直流充电柜）确认充电枪是否插好（充电口端与车身搭铁 1kΩ±30Ω）,规格:0-30V 2A。

⑥CC2 端子为充电确认线,车辆确认充电枪是否插好（充电口端与车身搭铁导通）,规格:0-30V 2A。

⑦A＋端子为低压辅助电源正,规格:0-30V 2A。

⑧A－端子为低压辅助电源负,规格:0-30V 2A。

⑨PE 端子为保护搭铁线。

3）充电通信协议

充电桩与电动汽车充电通信协议之间的差异是目前充电不成功的最主要原因,解释这个问题需要对交流充电与直流充电的基本原理及过程有所了解。

交流充电的过程是交流电源通过充电桩—车载充电器（转换成直流）—动力蓄电池进行传输,从车辆的设计角度来说,不存在充电桩与车辆之间的通信关系。通俗来讲,交流充电桩就是一个功率稍大的插座,不存在充电桩与车辆通信协议的对接,因此如果是交流充电,理论上所有车型都是可以充电的。

直流充电的过程是直流电通过充电桩—动力蓄电池进行传输,中间省去了车载充电器的环节,这就需要充电桩与车辆整车控制器 VCU 或电池管理系统 BMS 进行通信,《电动汽车传导充电用连接装置》上规定了通过 CAN 总线方式,以充电报文的形式对充电过程进行数据传输以及控制,其中直流接口上 S＋、S－两个端子就是用作充电通信的,另外《电动汽车传导充电用连接装置》还对通信协议相关内容进行了规定。实际应用中,充电设备商和汽车整车制造厂会有各自的充电协议,虽然都是符合国标规定,但是还是会带有各自的"特色",如果没有事先进行通信协议的对接,会出现充不了电的情况。

对于充电设施运营商而言,目前电动汽车只有通过车辆认证并在直流桩上充电后,才能够实现对整车状态、电池状态、充电桩的状态进行智能监控的功能,发挥其运维作用,因此就需要用户在充电前对车辆信息进行入网认证,这样充电设备才能够正常识别用户车辆。

对于用户而言,只有自己的车纳入运营商的充电服务网络内才可以正常充电,否则就只能自己想办法解决充电问题,这就是有的运营商让用户办理充电卡(图1-2-21)的原因,也是运营商经常提到的一车一卡绑定的原因。

图 1-2-21　新能源汽车充电卡

3. 新能源汽车充电系统常见故障与检修

1)充电系统指示灯

以北汽新能源纯电动汽车为例,仪表充电系统相关的指示灯见表1-2-4。

充电系统指示灯说明　　　　　　　　　　表 1-2-4

序号	显示	名称	指示说明
1		充电线连接指示灯	点亮表示充电线连接。信号来源是VCU给出的硬线信号,低有效
2		充电提醒灯	电量过低时点亮,信号来自VCU的CAN信号
3		剩余电量表	当前SOC范围 / 剩余电量表LED点亮数目 SOC>82% / 5 82%≥SOC>62% / 4 62%≥SOC>42% / 3 42%≥SOC>22% / 2 22%≥SOC>5% / 1 SOC≤5% / 0

2)车载充电器故障与检修

车载充电器的故障信息(故障代码及数据流)将通过CAN总线报至总线各模块(BMS、VCU)上,通过诊断仪器可以读出故障信息。

车载充电器常见的故障如下:

(1)12V 低压供电异常。

当车载充电器12V电源供电异常时,BMS、仪表等由于没有唤醒信号唤醒,无法与充电器进行通信。

当12V电源未上电时,最简单的判断方式就是交流上电的时候,动力蓄电池没有发出继电器闭合的声音。需要检查低压熔断丝盒内充电唤醒的熔断丝、继电器,以及充电器端子是否出现退针的情况。

(2)车载充电器检测的动力蓄电池电压不满足要求。

充电器工作开始前需要检测动力蓄电池电压,当动力蓄电池电压在工作范围内,车载充电器可以正常工作,否则充电器认为电池不满足充电的要求。此情况常见的为高压插件端子退针或高压熔断丝熔断,或者动力蓄电池电压超过工作范围。

(3)车载充电器检测与充电桩通信不正常。

充电器工作过程中会检测与充电桩之间的通信信号,当判断CC开关断开,充电器认为此时将要拔掉充电枪,会停止工作,防止带电插拔,提升充电枪端子寿命。如果充电枪没有插接到位,可能出现此情况。

图1-2-22所示是CC开关断开和闭合时车载充电器(北汽新能源汽车为例)指示灯显示的状态。

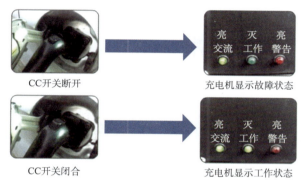

图1-2-22 车载充电器指示灯显示的状态

充电器接口与指示灯介绍如图1-2-23所示。

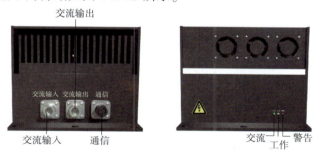

图1-2-23 充电器接口与指示灯介绍

(4)充电桩输入电压正常,由于施工时电源线不符合标准所引起的无法充电故障。

车辆在低温环境下,充电桩开始时与车载充电器连接正常,但是动力蓄电池低温下需将电芯加热至0~5℃才能进行正常充电。加热过程时,负载较小,电压下降并不多,进入充电过程时,负载加大,输入电压下降,充电桩为充电器提供的电源电压低于一定值(通常是187V,交流)时,充电器无法正常工作。充电器停止工作后,负载减小,测量时电压又恢复正常,这种情况一定要在充电器进入充电过程时测量当时准确电压,找到故障所在。

另外,外接的充电电源接地线线路不良,是造成新能源汽车无法充电的常见原因。

3)慢充常见的故障与检修

以下以北汽新能源纯电动汽车实例介绍慢充常见的故障诊断与排除方法。

(1)车辆无法充电。

①故障现象:

车辆在使用充电桩充电时,充电桩指示灯亮,充电器电源工作灯亮,车辆无法充电现象。

②可能原因:

动力蓄电池控制器 BMS 故障、动力蓄电池故障、通信故障。

③故障诊断与排除:

根据上述故障现象充电桩和充电器工作指示灯正常,首先的检查对象应该为通信和动力蓄电池内部。用故障检测仪检测故障码及数据流,读出故障码:P1048(SOC 过低保护故障)、P1040(电池单体电压欠压故障)、P1046(电池电压不均衡保护故障)、P0275(电池电压不均衡保护故障);读出数据流:动力蓄电池单体电芯最低电压为 2.56V、动力蓄电池单体电芯最高电压为 3.2V,单体电芯电压差大于 500mV 时动力蓄电池管理系统(BMS)启动充、放电保护而无法充电,经过更换动力蓄电池单体电芯,动力蓄电池故障解除,车辆恢复充电。

④故障分析:

通过以上故障诊断与排除过程,总结一下动力蓄电池具备充电的条件:

- 充电桩与车载充电器通信正常。
- 车载充电器要能正常工作,无故障。
- 整车控制器与充电器、动力蓄电池控制器通信正常。
- 唤醒信号正常。
- 整车控制器和动力蓄电池控制器的信号正常。
- 单体电芯之间电压差小于 500mV。
- 高压电路无绝缘故障。
- 动力蓄电池内部温度在充电的温度范围内。

(2)充电时充电桩跳闸。

①故障现象:

车辆在使用充电桩充电时、出现充电桩跳闸,充电器无法充电。

②可能原因:

充电器内部短路。

③故障诊断与排除:

检查了充电桩交流 220V 电压、充电桩 CP 线与充电器连接正常,再检查充电线束、高压线束、充电器、动力蓄电池的绝缘均正常,更换充电器,故障排除。

④故障分析:

因为故障现象是充电桩跳闸,说明唤醒信号和互锁电路正常;基本可以断定是充电器内部短路故障。

(3)充电器指示灯不亮。

①故障现象:

车辆在使用充电桩充电时,充电器指示灯不亮,车辆无法充电。
②可能原因:
充电器内部故障、充电唤醒信号中断或互锁电路故障。
③故障诊断与排除:
检查低压熔断丝盒内的电池充电熔断丝和充电器低压电源,将万用表旋到直流电压挡测量充电器低压电源正常,再检查充电系统连接插件无退针、锈蚀现象,更换充电器故障排除。
④故障分析:
此故障经检查充电器低压供电正常,而充电工作指示灯都不亮,基本确定为充电器内部故障。

4)快充常见的故障与检修

(1)充电桩显示车辆未连接。

检修方法如下:

①检查快充口 CC1 端与 PE 端是否有 1000Ω 电阻。

②检查快充口导电层是否脱落。

③检查充电枪 CC2 与 PE 是否导通。

(2)动力蓄电池继电器未闭合。

检修方法如下:

①检查充电桩输出正极唤醒信号是否正常。

②检查充电桩输出负极唤醒信号与 PE 是否导通。

③检查充电桩 CAN 通信是否正常。

(3)动力蓄电池继电器正常闭合,但无输出电流。

检修方法如下:

①检查充电桩与动力蓄电池 BMS 软件版本是否匹配。

②检查高压连接器及线缆是否正确连接。

③用诊断仪查看充电监控状态。图1-2-24所示是北汽新能源动力蓄电池充电监控状态数据流。

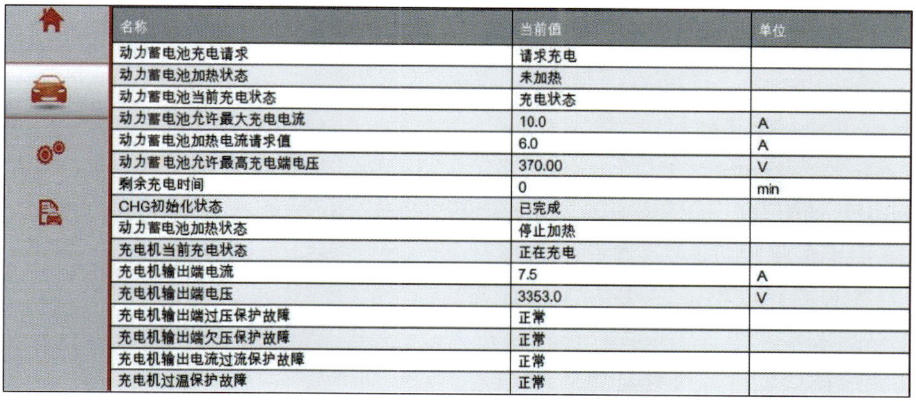

名称	当前值	单位
动力蓄电池充电请求	请求充电	
动力蓄电池加热状态	未加热	
动力蓄电池当前充电状态	充电状态	
动力蓄电池允许最大充电电流	10.0	A
动力蓄电池加热电流请求值	6.0	A
动力蓄电池允许最高充电端电压	370.00	V
剩余充电时间	0	min
CHG初始化状态	已完成	
动力蓄电池加热状态	停止加热	
充电机当前充电状态	正在充电	
充电机输出端电流	7.5	A
充电机输出端电压	3353.0	V
充电机输出端过压保护故障	正常	
充电机输出端欠压保护故障	正常	
充电机输出端电流过流保护故障	正常	
充电机过温保护故障	正常	

图1-2-24　充电监控状态(北汽新能源)

图 1-2-25 所示是吉利帝豪动力蓄电池充电监控状态数据流。

图 1-2-25　充电监控状态（吉利帝豪）

任务实施

（一）工作准备

（1）防护装备：绝缘防护装备。

（2）车辆、台架、总成：北汽新能源纯电动汽车（独立装备车载充电器车型）或同类纯电动汽车。

（3）专用工具、设备：检测仪器、放电工具、万用表、随车充电器；220V 交流电源；快充充电桩。

（4）手工工具：绝缘拆装工具一套；手电筒。

（5）辅助材料：高压警告牌；干净抹布。

（二）实施步骤

根据实训室的车辆配置，对新能源汽车充电系统进行检测及故障诊断，并对车载充电器进行拆装。

1. 车载充电器拆装

以下步骤适用北汽新能源独立装备车载充电器的车型，其他车型参照维修手册。

1）操作注意事项及提示

（1）操作前注意事项。

检查拆装工具、万用表、绝缘表、防护工装、绝缘手套等准备齐全，翼子板护罩、警示标牌、隔离栏等放置妥当。

（2）操作规范标准提示。

①按照高压系统维修安全操作流程执行下电、放电、检测、维修操作。

②高低压插接件拆卸过程避免破坏针脚。

③固定螺栓齐全、完好，螺孔无损坏。

2)拆卸步骤

(1)打开前机舱盖,拔下车辆钥匙。

(2)支起前机舱盖将翼子板护垫铺好避免损坏车辆。

(3)断开12V低压蓄电池负极线并用绝缘胶带进行包裹,防止与蓄电池正极接触。

(4)如果装备动力蓄电池维修开关,取下维修开关并妥善保管。

(5)放置高压安全警示牌,戴好高压防护装备,如图1-2-26所示。

(6)打开快充充电口,如图1-2-27所示。

图1-2-26　高压安全警示牌

图1-2-27　打开快充充电口

(7)使用放电工具放电,如图1-2-28所示。

(8)用万用表测量电压确认无电,如图1-2-29所示。

图1-2-28　使用放电工具放电

图1-2-29　确认无电

 警告:

　　一定要确认处于无电状态。

(9)关闭快充充电口,如图1-2-30所示。

(10)拔掉4个连接线束连接器,如图1-2-31所示。

(11)松开并取下6根螺栓,拿下DC/DC变换器(仅对于独立安装DC/DC变换器的车型)。

(12)拔下车载充电器3个线束连接器。

(13)松开并取下4根车载充电器固定螺栓。

(14)取下车载充电器,并检查固定螺栓及螺孔状态。

3)安装步骤(根据拆卸相反步骤执行)

(1)按规定的力矩紧固车载充电器螺栓。力矩:20~25N·m

图1-2-30　关闭快充充电口　　　　　图1-2-31　拔掉线束连接器

（2）将高压及低压连接器按拆卸相反顺序安装，确保插件对接到位，无松动。

（3）对现场及举升机进行清理，检查工具并清理、保持环境清洁。

安装规范标准提示：

（1）按要求规定力矩装配。

（2）高低压插接件安装过程确保插件对接到位，无松动。

（3）确保现场清洁、无油污；工具无遗漏、丢失。

2．充电接口的识别与检测

根据实训室的装备，识别并检测充电接口。

1）慢充口端子识别与检测

（1）识别慢充口各端子的用途，并利用万用表测量相关数据。

（2）用万用表测量充电枪端子的电阻值。

①测量充电枪 CC 与 PE 之间的阻值，应为 680Ω。

②压下充电枪锁止开关，再次测量 CC 与 PE 电阻值，应为无穷大（断开）。

通过测量结果分析电路原理可知：通过充电枪锁止开关的闭合或开启状态，连接车辆充电口 CC 与 PE 之间的阻值，来确认充电枪是否与车辆充电口连接可靠，并通过电阻值识别充电枪的功率，此信号为连接确认信号，是进行充电的必要条件。

2）快充端口识别与检测

（1）识别快充口各端子的用途，并利用万用表测量相关数据。

（2）断电后测量以下电阻。

①CC1 与 PE 的电阻。

②CC2 与 PE 的电阻。

学习测试

1．填空题

（1）车载充电器工作过程需要与_____、BMS、_____等部件进行通信。

（2）比亚迪 E5 纯电动汽车"四合一"高压电控总成集成了_____、DC/DC 变换器、高压控制盒和_____的功能。

（3）当直流充电或交流充电电流大于 16A 时，供电接口和车辆接口应具有_____。

(4)比亚迪 E5 慢充充电口,分为_____和_____两种类型。

(5)车辆充电系统通过 CC 与 PE 之间的_____来判断充电枪插头是否与车辆插座完全连接,并根据电阻值确认充电枪的_____。

2. 判断题

(1)市场上主流的电动汽车的各种车型,对充电口端子的数量和定义均不一致。

(　　)

(2)新能源汽车都同时装备了快充口和慢充口。(　　)

(3)交流慢充充电方式通过车载充电器进行;直流快充则不经过车载充电器,即可直接为动力蓄电池充电。(　　)

(4)充电过程中,电子锁未可靠锁止时,供电设备或电动汽车应停止充电。(　　)

(5)快充充电口 S+、S- 端子分别为直流电源正、负极。(　　)

3. 单项选择题

(1)以下关于充电口的设计,说法正确的是(　　)。
  A. 交流 9 针,直流 7 针　　　　　　　　B. 交流直流都是 7 针
  C. 交流 7 针,直流 9 针　　　　　　　　D. 交流直流都是 9 针

(2)交流充电时,电流大于(　　)时,供电接口和车辆接口应具有锁止功能。
  A. 8A　　　　　　B. 16A　　　　　　C. 32A　　　　　　D. 64A

(3)交流充电时,确认充电枪与车辆充电口连接的端子是(　　)。
  A. CC　　　　　　B. CP　　　　　　C. L　　　　　　D. PE

(4)直流充电时,确认充电枪与车辆充电口连接的端子是(　　)。
  A. CC1　　　　　B. CC2　　　　　C. PE　　　　　D. S

(5)慢充和快充都无法充电,以下最有可能的故障是(　　)。
  A. 车载充电器　　B. 充电枪　　　　C. 充电口　　　　D. 动力蓄电池

新能源汽车低压电源系统结构原理与检修

本项目的主要内容为新能源汽车低压电源系统的结构原理认知与检修,分为2个任务:
任务1 新能源汽车低压电源系统结构原理认知;
任务2 新能源汽车低压电源系统检修。
通过2个任务学习,熟悉新能源汽车12V低压电源系统的作用、结构组成及工作原理,掌握12V低压电源系统相关部件的检修方法。

任务1 新能源汽车低压电源系统结构原理认知

有人认为既然混合动力电动汽车和纯电动汽车上有动力蓄电池,那么就没必要再在其上安装传统燃油汽车的12V低压蓄电池,你认为他的观点正确吗?

知识要求

1. 能够描述新能源汽车12V电源系统与传统汽车的区别;
2. 能够描述DC/DC变换器的功能与工作原理;

3. 能够描述新能源汽车低压蓄电池的特点。

能力要求

能够介绍新能源汽车低压电源系统的特点与组成部件。

素质要求

1. 培养良好的职业道德和工匠精神；
2. 培养安全意识和团队协作精神；
3. 培养自我管理和自主学习能力。

相关知识

1. 新能源汽车 12V 电源系统与传统燃油汽车的区别

新能源汽车 12V 低压电源系统与传统燃油汽车 12V 低压电源系统的区别如图 2-1-1 所示。

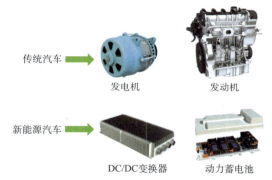

新能源汽车电气系统与传统汽车的区别

图 2-1-1　新能源汽车 12V 低压电源系统与传统燃油汽车 12V 低压电源系统的区别

传统燃油汽车的电源是蓄电池和发电机，发动机未起动或起动过程中由蓄电池供电，发动机运转后则由发电机供电，同时为蓄电池充电。

新能源汽车（电动汽车）的电源分为主电源和辅助电源。主电源为驱动汽车行驶的高压电源；辅助的低压电源（12V）是为组合仪表、控制模块、灯光等用电设备供电的直流低压电源。低压电源系统是车辆的稳定运行的保障。电动汽车设计和选择低压电源时要考虑配电方案、布局、搭铁回路等，以实现对负载良好的供电，达到电压调整精度、保证低噪声，同时避免系统中电路之间的干扰，振荡以及过热等问题的出现。

新能源汽车（电动汽车）低压电源供给是将动力蓄电池的高压电源通过 DC/DC 变换器转变为 12V 低压电源，为 12V 低压蓄电池充电和车身电器部件提供工作电源；常规车身电器部件包括控制模块、灯光、中控门锁、信息娱乐系统、电动门窗等。

图 2-1-2 是纯电动汽车 DC/DC 变换器为低压蓄电池充电示意图。图 2-1-3 是混合动力电动汽车 DC/DC 变换器为低压蓄电池充电示意图。

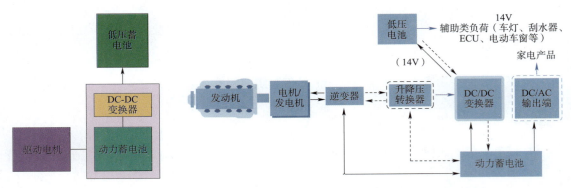

图 2-1-2　纯电动汽车 DC/DC 变换器电路

图 2-1-3　混合动力汽车 DC/DC 变换器电路

对于传统燃油汽车,当发动机转速低时,如果同时使用空调、音响及车灯等,会存在电池的电量用尽的情况。即使发动机仍在运行,有些条件下(如用电器全开)也会出现电力不足现象。而混合动力电动汽车和纯电动汽车使用动力蓄电池和 DC/DC 变换器,便可避免此现象。

纯电动汽车利用 DC/DC 变换器为低压蓄电池充电,从而可以省去传统燃油汽车的交流发电机。部分混合动力电动汽车车型(如比亚迪秦)的发动机保留了发电机,低压电源系统由 12V 蓄电池、DC/DC 变换器和发电机三个电源共同提供,图 2-1-4 所示是比亚迪秦混合动力电动汽车的低压电源系统。

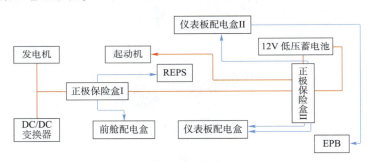

图 2-1-4　比亚迪秦混合动力汽车低压电源系统

理论上,电动汽车可以省去 12V 的低压蓄电池,但实际上它们还是保留了低压蓄电池。这样做有两个主要原因:(1)降低车辆的成本;(2)确保电源的冗余度。

蓄电池能在短时间内向空调、刮水器及灯光等释放大电流。如果省去蓄电池而将高压动力蓄电池的电力用于空调及刮水器等低压用电设备,DC/DC 变换器的尺寸势必就要增大,从而使整体成本增加。低压蓄电池价格便宜,因此,将蓄电池取消这一措施还没有成本上的优势。

蓄电池还具有确保向辅助类用电器供电的冗余度作用。DC/DC 变换器出现故障停止供电时,如果没有低压蓄电池,辅助类电器就会立即停止运行。如夜间车灯不亮,雨天刮水器不能运行等,就会影响车辆驾驶。如果有低压蓄电池,便能够将汽车就近驾驶到家里或者维修工厂。

2. DC/DC 变换器的功能与工作原理

1）DC/DC 变换器的功能

将一个不受控的输入直流电压转换成另一个受控的输出直流电压称为 DC/DC 变换。目前，DC/DC 变换器在计算机、航空、航天、水下航行器、汽车、通信及电视等领域得到了广泛的应用，同时这些应用也促进了 DC/DC 变换技术的进一步发展。图 2-1-5 所示是北汽新能源纯电动汽车上应用的 DC/DC 变换器。

在传统的燃油汽车中，发动机通过发电机来给车上的设备供电，在新能源汽车中，DC/DC 变换器取代了传统燃油汽车中的发电机，将动力蓄电池的高压直流电转化为 12V 低压直流电，给整车用电系统供电及低压蓄电池充电。

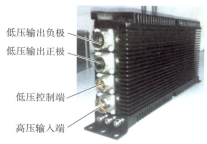

图 2-1-5　DC/DC 变换器

以下以比亚迪秦混合动力电动汽车为例，介绍 DC/DC 变换器的功能。比亚迪秦 DC/DC 变换器与驱动电机控制器安装在一起，图 2-1-6 所示是比亚迪秦 DC/DC 变换器安装位置，图 2-1-7 是 DC/DC 变换器的端子接口图，图 2-1-8 是 DC/DC 变换器的控制原理框图。

图 2-1-6　比亚迪秦 DC/DC 变换器安装位置

图 2-1-7　比亚迪秦 DC/DC 变换器的端子接口

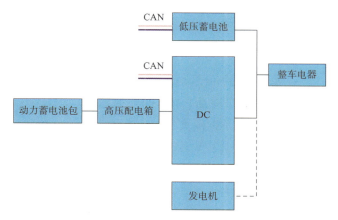

图 2-1-8　DC/DC 变换器控制原理框图

（1）在纯电模式（发动机不运转）下，DC/DC 变换器和低压蓄电池并联给整车电器提供低压电源。DC/DC 变换器在 500V 高压输入端高压接触器吸合后便开始工作，输出的额定电压为 13.5V。

（2）发动机运转时，如果动力蓄电池包电能不足，发电机发出13.5V直流电，经过DC/DC变换器升压转换成500V直流给动力蓄电池包充电。

2）DC/DC变换器的类型

应用在新能源汽车中的DC/DC变换器有三种作用类型：

（1）高低压变换器（辅助功率模块）。

此类型的DC/DC变换器主要作用是取代传统燃油汽车的交流发电机。在混合动力电动汽车中，发动机输出的动力直接给动力蓄电池系统补充电力，车辆的12V的用电负荷完全依靠DC/DC变换器供给，功率范围可以在1~2.2kW。

（2）12V电压稳定器。

12V电压稳定器主要用在部分自动起停系统，避免起动时，电压波动对一些敏感的负载造成影响或损坏，如用户可见的负载、车内照明收音机和显示屏等，电压稳压器的功率等级随着用电器负荷而定，一般是200~400W。

（3）高压升压器。

为了提高动力系统的效率，选用一个升压器来提高逆变输入的电压，这个部件是动力总成的一部分，集成在动力总成中。如果采用锂电池作为动力蓄电池，升压器是一个十分重要的部分。图2-1-9是高压升压器的电路图。

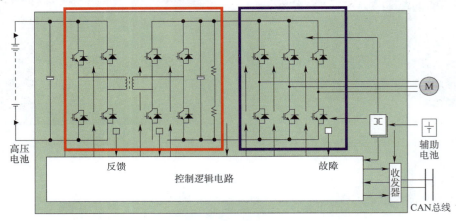

图2-1-9　高压升压器电路

3.新能源汽车低压蓄电池的特点

1）新能源汽车低压蓄电池与传统燃油汽车蓄电池的区别

新能源汽车，特别是纯电动汽车，12V低压蓄电池不需要给起动机提供起动时的大电流，因而容量变小，此外结构和类型也与传统汽车有所区别。从图2-1-10上可以看出，比亚迪秦12V蓄电池与传统燃油汽车用的蓄电池主要区别是：

（1）用于发动机的起动正极与其他用电器的供电正极分开了。

（2）蓄电池内部具有智能控制模块（BMS），用于对蓄电池进行智能控制。例如蓄电池电压低时，关闭多媒体系统的电源（图2-1-11）。

2）比亚迪汽车低压蓄电池的特点

比亚迪纯电动汽车、混合动力电动汽车采用的低压蓄电池称"铁电池"，实际上是由4个

(与动力蓄电池单体电池一致)单体蓄电池组成 13.8V 左右的蓄电池组。

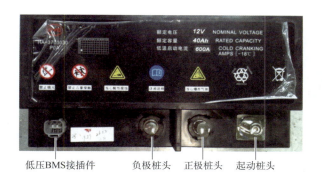

| 图 2-1-10　比亚迪秦 12V 蓄电池 | 图 2-1-11　BMS 在系统电压低时关闭多媒体 |

铁电池功能如下:

(1)对于电气系统来说,未进入过放保护或者超低功耗情况下,铁电池都是电气设备的常电供给电源。

(2)当需要起动机工作时,铁电池电压会被拖低,为避免影响整车供电电压,需要临时切断 DC/DC 变换器给铁电池充电回路;此时,DC/DC 变换器供整车用电设备用电,而铁电池则单独供起动机用电,两放电回路互不影响;最后,发动机工作后,重新接通充电回路,回到最初状态。

(3)当发电机和 DC/DC 变换器输出不足时,由铁电池辅助向用电设备供电。

(4)铁电池还可以吸收电路中的瞬时过电压,汽车电气系统电压稳定,保护电子元件。

(5)铁电池的 BMS 有电压、电流和温度监测功能,存在异常状态会触发故障报警功能,当铁电池故障报警时,仪表上故障指示灯点亮(常亮),同时显示"请检查低压电池系统"。

(6)满足智能充电整车条件,当铁电池电量偏低时,控制智能充电继电器吸合,并同时发出智能充电请求给动力蓄电池 BMS,动力蓄电池 BMS 监测条件满足智能充电允许后,控制高压配电箱主接触器吸合并通过 DC/DC 变换器给铁电池充电,起动铁电池 BMS 监测进行智能充电模式后,发送状态报文给仪表作相应提醒,满足退出条件时,起动铁电池将做相应控制策略退出此模式;其中若动力蓄电池 BMS 监测不允许放电,则起动铁电池 BMS 将智能起动发动机命令发送给 BCM 和驱动电机控制器,整车满足相应条件后,BCM 工作进行配电,驱动电机控制器将命令 ECM 起动发动机,发电机工作后即时给起动铁电池充电;驱动电机收到起动铁电池 BMS 智能充电命令,将在发动机带动下起来给动力蓄电池进行补充电量,接收到动力蓄电池电量满足要求时,结束此智能充电过程。

(一)工作准备

(1)防护装备:常规实训着装。

(2)车辆、台架、总成:比亚迪/荣威/北汽新能源纯电动汽车;比亚迪秦/普锐斯混合动力电动汽车或其他同类新能源汽车。

(3)专用工具、设备:无。

(4)手工工具:无。

(5)辅助材料:无。

(二)实施步骤

根据实训室的车辆配置,识别新能源汽车12V低压电源系统,注意其安装位置、作用、组成以及与传统燃油汽车的区别。

1. 典型纯电动汽车电源系统的特点与组成部件认知

(1)比亚迪纯电动汽车低压电源系统。

(2)荣威纯电动汽车低压电源系统。

(3)北汽新能源纯电动汽车低压电源系统。

2. 典型混合动力汽车电源系统的特点与组成部件认知

(1)比亚迪秦混合动力电动汽车低压电源系统。

(2)丰田普锐斯混合动力电动汽车低压电源系统。

学习测试

1. 填空题

(1)电动汽车的电源分为_____和_____。

(2)纯电动汽车利用_____为低压蓄电池充电,从而可以省去传统汽车的_____。

(3)比亚迪秦的低压电器系统由_____、_____和_____三个电源共同供电。

(4)在纯电模式下,DC/DC变换器和低压蓄电池(铁电池)_____给整车电器提供低压电源。

(5)比亚迪铁电池的BMS有_____、电流和_____监测功能,存在异常状态会触发_____功能。

2. 判断题

(1)由于采用动力蓄电池供电,纯电动汽车的仪表、控制系统也使用高压电源。(   )

(2)混合动力电动汽车都没有安装发电机。(   )

(3)DC/DC变换器是将交流电转换成直流电。(   )

(4)目前的电动汽车上,保留低压蓄电池是必要的。(   )

(5)新能源汽车的12V蓄电池比传统燃油汽车蓄电池的容量大。(   )

3. 单项选择题

(1)比亚迪秦的DC/DC变换器与(   )安装为一体。

  A. 发电机   B. 动力蓄电池BMS

  C. 整车控制器VCU   D. 驱动电机控制器MCU

(2)混合动力汽车和电动汽车保留12V蓄电池的主要原因是(　　)。
　　A.降低车辆的成本　　　　　　　　B.确保电源的冗余度
　　C.A和B都是　　　　　　　　　　D.A和B都不是
(3)新能源汽车采用DC/DC变换器之后,可省去(　　)
　　A.电源控制器　　　B.逆变器　　　　C.高压配电箱　　　D.交流发电机
(4)比亚迪秦混合动力汽车低压蓄电池的电极桩头有(　　)。
　　A.2个　　　　　　B.3个　　　　　　C.4个　　　　　　D.5个
(5)比亚迪纯电动汽车、混合动力电动汽车采用的低压蓄电池称(　　)。
　　A."铁电池"　　　　B."锂电池"　　　C."铅电池"　　　　D."镍电池"

任务2　新能源汽车低压电源系统检修

提出任务

一辆北汽新能源纯电动汽车,仪表显示低压蓄电池故障,同时动力系统故障灯点亮。你的主管把检修的任务安排给你,你能完成这个任务吗?

任务要求

知识要求

1. 能够描述低压蓄电池亏电对纯电动汽车的影响;
2. 能够描述新能源汽车低压电源管理系统故障诊断与检修方法。

能力要求

1. 能进行新能源汽车低压电源系统故障诊断;
2. 能进行新能源汽车DC/DC变换器的更换;
3. 能进行新能源汽车PDU的更换。

素质要求

1. 培养良好的职业道德和工匠精神;
2. 培养安全意识和团队协作精神;

3. 培养自我管理和自主学习能力。

相关知识

1. 低压蓄电池亏电对新能源汽车的影响

新能源汽车,包括混合动力电动汽车和纯电动汽车,都采用 DC/DC 变换器来取代原有的发电机。整个 12V 低压电气架构的改变,使原有低压蓄电池的使用特性发生改变,它的作用变为一个辅助能量单元,而不需要提供瞬时的高功率了,因此,蓄电池容量可以减小很多。DC/DC 变换器由于本身是电子控制部件,对电流和电压均可进行较精确的控制,所以可以实现对低压蓄电池的能量管理。在这样的条件下,某些新能源整车企业已经用 12V 铁电池(如比亚迪汽车的磷酸铁锂单体电池组成铁电池)代替原有的铅酸蓄电池。

图 2-2-1 是比亚迪 E5 纯电动汽车低压电源系统结构组成示意图。

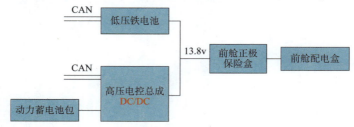

图 2-2-1　比亚迪 E5 低压电源系统结构组成

实际上,正是由于新能源汽车整个系统结构,特别是控制结构相对传统燃油汽车要复杂一些,使得 12V 低压电源系统上的模块较多,因此,新能源汽车低压电源存在以下几方面的特点:

(1)电子控制模块较多,新能源汽车总体的静态电流较传统燃油汽车大。

(2)电子控制模块较多,CAN 网络的睡眠唤醒机制较复杂,特别是在充电的时候,导致 12V 的蓄电池在车辆停置时,需要给电较多。

(3)模块的控制逻辑方面,特别是因为接入车联网的监控需求,使得车辆电子系统的逻辑跳转变得相对脆弱,可能在某些状态下不能完全让车辆"休眠"。

根据这些判断以及国外车辆在使用过程中用户的反馈,部分问题出现的可能性较高,如在车辆一段时间(几天或者一周以上)不使用时,可能存在在动力蓄电池电量充足的情况下,车辆却起动不了的现象。

究其原因,主要是控制模块正常工作电压通常是 9~16V,亏电的蓄电池一旦输出电流,电压就会继续往下掉,而使得 DC/DC 变换器给蓄电池补电的通路需要 12V 电源来吸合控制继电器的线圈以维持触点闭合。按照经验,可以外接一个蓄电池上去"跨接起动",等到车辆起动起来,蓄电池移走以后,车辆控制系统又会继续掉电关闭,这是因为动力蓄电池维持输出需要保证接触器有足够的保持电压和电流供给,一旦低压电源供电继续不足,这个系统还是无法正常工作。

关于这个问题,解决的办法如下:

（1）当发生故障的时候，外接蓄电池需要给车辆持续提供一段时间的电，起动车辆高压系统，让 DC/DC 变换器对车上的低压蓄电池进行一段时间补电。

（2）利用车联网系统进行监控，当它工作给后台发送信息的时候，可以加入 12V 低压电源的电压信息，如果出现电压降低，可以通知用户。一般传统燃油汽车在设计时，新的低压蓄电池能满足 90 天以上的长期停放时间，而纯电动汽车因为耗电量大，可能达不到这个时间。

（3）在车辆设计的时候，需要做静态电流控制和系统验证，以避免电力不足的情况发生。国外的一些汽车厂家给 48V 电源系统配置时，采用强制充电的模式，这值得在车辆设计时借鉴。

2. 新能源汽车低压电源管理系统故障诊断与检修

以下以北汽新能源纯电动汽车实际案例为例，介绍低压电源管理系统故障诊断与检修方法，其他车型请参照相关的维修手册或资料。

1）低压蓄电池故障

（1）故障现象。

车辆点火开关置于 ON 挡，仪表显示蓄电池故障（图 2-2-2），同时动力系统故障灯点亮。

（2）诊断思路。

可能原因：蓄电池本身储电性能故障、DC/DC 变换器低压电源故障、DC/DC 变换器内部故障或 DC/DC 变换器与蓄电池连接电路故障。

图 2-2-2　蓄电池报警

（3）检查与排除方法。

①检查蓄电池电压值如低于 12V，表明蓄电池亏电。

②检查低压熔断丝盒内 DC/DC 变换器的熔断丝是否正常。

③检查 DC/DC 变换器电源正负极供电电路是否正常。

④检查高压控制盒对接 8 芯插件的 A 脚与 DC/DC 变换器高压 2 芯插件的 B 脚是否导通，高压线束与高压控制盒对接 8 芯插件的 G 脚与 DC/DC 变换器高压 2 芯插件的 A 脚电路是否正常。

⑤检查 DC/DC 变换器输出端的搭铁线负极插件端子。

实际案例：发现负极插件端子针脚弯曲，恢复插件端子，故障排除。

（4）故障分析。

关于蓄电池故障主要有两个原因：

①蓄电池本身故障，导致储能下降。蓄电池的检测比较简单，只要有专用检测仪或高频放电计就可以确定蓄电池的性能。

②DC/DC 变换器及电路故障无法给蓄电池充电。新能源汽车利用动力蓄电池的高压直流电通过 DC/DC，转换成低压直流电给其他低压电器供电，同时给蓄电池充电。当整车电器使用的功率大于 DC/DC 变换器输出功率时，低压蓄电池协助 DC/DC 变换器供电而满足电能的需求。从以上检查过程可以看出 DC/DC 变换器检查的主要是其本身是否能正常工作，其次检查高压直流电源输入和低压输出的电路。

2）DC/DC 变换器故障

DC/DC 变换器发生故障，利用故障检测仪器读取控制单元存储的 DTC（故障代码），会读取到"P1792 DC/DC 故障"和"P1796 DC/DC 驱动通道对电源短路故障"等故障代码，见表 2-2-1。

DC/DC 故障代码说明表　　　　　　表 2-2-1

DTC	DTC 定义	DTC 检测条件	DTC	可能的故障原因
P1792	DC/DC 故障	点火开关在 ON/START 挡	仪表蓄电池故障指示灯亮	DC/DC 故障
P1796	DC/DC 驱动通道对电源短路故障	点火开关在 ON/START 挡	DC/DC 线束短路	DC/DC 线束与接插件故障

（1）P1792 DC/DC 故障检测步骤。

①使用专用故障检测仪清除故障码。

a. 是，车辆重新起动，故障消失，车辆恢复正常。

b. 否，进行②。

②将点火开关打到 ON 挡，使用万用表电压挡测量检查 DC/DC 变换器输出的电压是否异常（正常输出电压 13.2～13.5V）。

a. 是，修复或更换 DC/DC 变换器。

b. 否，进行③。

③检测高压控制盒中 DC/DC 的高压熔断丝是否熔断。

a. 是，更换高压熔断丝，车辆恢复正常。

b. 否，进行④。

④检测高压熔断丝至 DC/DC 变换器之间的连接器及线束是否异常。

a. 是，维修或更换线束及连接器。

b. 否，进行⑤。

⑤检查 DC/DC 变换器低压输出线至低压蓄电池之间的连接器及线束是否正常。

a. 是，更换 DC/DC 变换器，车辆恢复正常。

b. 否，维修或更换线束及连接器。

（2）P1796 DC/DC 驱动通道对电源短路故障检测步骤。

①检查 DC/DC 变换器控制连接器 14 中的针脚 1 至低压熔断丝盒中的 DC/DC 控制继电器中的 23 号线束是否导通。

a. 是，进行②。

b. 否，修复线束。

②检查 DC/DC 变换器控制连接器 14 中的针脚 2 至仪表 12 针脚、整车控制器 24 针脚 60 之间的线束是否导通。

a. 是，更换 DC/DC 变换器，车辆恢复正常。

b. 否，修复线束。

DC/DC 变换器控制连接器和控制单元端子图分别如图 2-2-3、图 2-2-4 所示。

图 2-2-3 DC/DC 变换器控制连接器

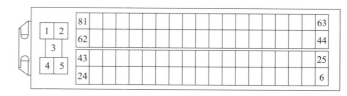

图 2-2-4 DC/DC 变换器控制单元端子示意图

（3）DC/DC 变换器本体检查。

经过以上检修以后，使用专用故障检测仪清除故障码。

a）是，重新起动，车辆恢复正常。

b）否，更换 DC/DC 变换器。

（4）DC/DC 变换器快速检查诊断表。

DC/DC 变换器快速检查诊断表见表 2-2-2。

DC/DC 变换器快速检查诊断表　　　　　　　　表 2-2-2

序号	检查步骤	检查结果		操作方法
0	初步检查	正常	有故障	更换熔断丝
	检查熔断丝是否熔断	检查第 1 步	熔断丝熔断	
1	检查高压熔断丝	正常	有故障	更换高压熔断丝
	检查高压熔断丝是否熔断	检查第 2 步	高压熔断丝熔断	
2	检查继电器	正常	有故障	更换 DC/DC 继电器
	检查 DC/DC 变换器的继电器是否损坏	检查第 3 步	DC/DC 变换器的继电器损坏	
3	检查控制器（VCU）	正常	有故障	更换控制器（VCU）
	检查控制器（VCU）是否损坏	检查第 4 步	控制器（VCU）损坏	
4	检查 DC/DC 变换器电路	正常	有故障	维修供电线路
	检查 DC/DC 变换器供电是否正常	检查第 5 步	DC/DC 变换器短路或断路	
5	检查 DC/DC 变换器	正常	有故障	更换 DC/DC 变换器
	检查 DC/DC 变换器是否损坏	检查第 6 步	DC/DC 变换器损坏	
6	检查操作	正常	有故障	从其他症状查找故障原因
	正确检修操作后，检查故障是否出现	诊断结束	故障未消失	

（5）DC/DC 变换器接插件接口定义。

北汽新能源纯电动汽车 DC/DC 变换器的作用如图 2-2-5 所示，接插件接口图如图 2-2-6 所示，接插件接口定义见表 2-2-3。

DC/DC：将动力蓄电池的高压直流电转换为整车低压12V直流电，给整车低压用电系统供电及铅酸电池充电

图 2-2-5　DC/DC 变换器作用

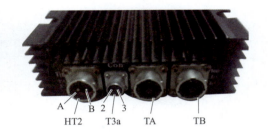

图 2-2-6　DC/DC 变换器接口

DC/DC 变换器接口定义　　　　　　　　　　　　　　表 2-2-3

针脚号	针脚功能	线束走向
HT2		
A	直流输入 −	高压控制盒
B	直流输入 +	高压控制盒
T3a		
1	12V 输入	低压控制盒
2	故障报警线	整车控制器
3	负极输入	接地点
TA		
+ Vout	12V 输出	低压蓄电池正极
TB		
− Vout	12V 输出	低压蓄电池负极

任务实施

（一）工作准备

（1）防护装备：绝缘防护装备。
（2）车辆、台架、总成：北汽新能源纯电动汽车（DC/DC 变换器独立安装和 PDU 车型）或同类纯电动汽车。
（3）专用工具、设备：检测仪器、放电工具、万用表。
（4）手工工具：组合绝缘拆装工具一套；手电筒。
（5）辅助材料：车辆防护三件套；高压警告牌；干净抹布。

（二）实施步骤

根据实训室的车辆配置，对低压电源系统进行故障诊断，并针对不同的车型配置，对纯电动汽车DC/DC变换器(独立安装的车型)或PDU进行拆装更换。

> ⚠️ **警告：**
> （1）禁止未参加该车型高压系统知识培训的维修人员拆卸高压系统,包括手动维修开关、动力蓄电池、驱动电机、电力电子箱、高压配电单元、高压线束、空调压缩机、交流充电口及交流充电线束、快速充电口、电加热器、慢充充电器。
> （2）车辆熄火后,每间隔90h,PDU会指令DC/DC变换器检测低压蓄电池,并给低压蓄电池充电,检修PDU时务必先断开PDU低压线束插头,以免检修PDU时,突然输出高压电发生危险。
> （3）在进行高压相关操作前,维修人员必须穿戴好劳保用品,戴好绝缘手套,穿好高压绝缘鞋。在戴绝缘手套前,必须要检查绝缘手套是否有破损的地方,确保手套无绝缘失效。

1. 蓄电池或DC/DC变换器故障诊断

参照前文内容,利用故障检测仪器和万用表等设备,进行12V低压蓄电池和DC/DC变换器故障诊断。

2. 北汽新能源纯电动汽车DC/DC变换器更换

> 💡 **提示：**
> 仅针对DC/DC变换器单独安装的车型。

（1）拔下车辆钥匙,打开前机舱盖。
（2）支起前机舱盖,将翼子板护垫铺好,避免损坏车辆。
（3）断开低压蓄电池负极,并用绝缘胶布包好。
（4）按照高压中止的要求,切断高压电,放置高压安全警示牌。
（5）用万用表测量快充充电口的电压,确认无电,如图2-2-7所示。
（6）如果测量的电压超过3V,必须使用放电工具放电,如图2-2-8所示。

图2-2-7　用万用表测量电压确认无电

图2-2-8　使用放电工具放电

> **注意：**
> 一定要确认处于无电状态。

（7）拔掉 DC/DC 变换器的 4 个连接线束接插件，如图 2-2-9 所示。

（8）松开并取下 DC/DC 变换器 6 个固定螺栓，然后取下 DC/DC 变换器，如图 2-2-10 所示。

图 2-2-9　拔掉 4 个连接线束接插件

图 2-2-10　松开并取下 6 个固定螺栓

（9）检查新的 DC/DC 变换器外观有无破损，如图 2-2-11 所示。

（10）核对新的 DC/DC 变换器型号是否正确，如图 2-2-12 所示。

图 2-2-11　检查新的 DC/DC 变换器外观有无破损

图 2-2-12　核对新的 DC/DC 变换器型号是否正确

（11）检查连接线束是否完好，如图 2-2-13 所示。

（12）检查无误后将 DC/DC 变换器放入相应位置，并紧固固定螺栓，如图 2-2-14 所示。

图 2-2-13　检查连接线束是否完好

图 2-2-14　紧固 DC/DC 变换器固定螺栓

（13）连接线束接插件，如图 2-2-15 所示。

（14）移除高压警示牌并安装低压蓄电池负极，如图 2-2-16 所示。

> **注意：**
>
> 接插件要可靠连接并锁止。

图 2-2-15　连接线束接插件

图 2-2-16　安装低压蓄电池负极

（15）使用万用表测量蓄电池电压，确认电压正常，如图 2-2-17 所示。

（16）打开点火开关之后再次测量电压，确认电压正常，如图 2-2-18 所示。

图 2-2-17　使用万用表测量蓄电池电压

图 2-2-18　打开点火开关之后再次测量电压

（17）连接诊断仪，并读取故障码。如有故障码，应清除故障码，如图 2-2-19 所示。

（18）查看数据流是否正常，如图 2-2-20 所示。

图 2-2-19　连接诊断仪并读取故障码

图 2-2-20　查看数据流是否正常

（19）收起翼子板护垫，放下前机舱盖。

（20）工具归位，清洁场地。

3. 北汽新能源纯电动汽车 PDU 更换

💡 提示：
仅针对安装 PDU 的车型。

⚠ 警告：
操作前请检查并佩戴绝缘手套。

1）PDU 的拆卸
（1）拔下车辆钥匙，打开前机舱盖。
（2）支起前机舱盖，将翼子板护垫铺好，避免损坏车辆。
（3）断开低压蓄电池负极，并用绝缘胶布包好。
（4）断开 PDU 左后方低压接插件，如图 2-2-21 所示。
（5）拆下慢充线束接插件的 2 个固定螺栓，如图 2-2-22 所示。

北汽 EV160PDU 的拆卸步骤

图 2-2-21 断开 PDU 左后方低压接插件

图 2-2-22 拆下慢充线束接插件的固定螺栓

（6）取下慢充线束接插件，如图 2-2-23 所示。
（7）用万用表测量 PDU 动力蓄电池端端子电压，如图 1-2-24 所示。

图 2-2-23 取下慢充线束接插件

图 2-2-24 测量 PDU 动力蓄电池端端子电压

（8）测量 PDU 动力蓄电池端端子的搭铁电压，如图 2-2-25 所示。

> **注意：**
> 每个高压动力蓄电池插口正负极电压以及正负极对地电压，数值不应大于3V。若测试结果大于3V，则动力蓄电池组总成内部可能出现接触器卡滞或高压系统绝缘失效。

（9）拆下低压蓄电池正极保护盖，断开PDU正极（DC/DC）线束，如图1-2-26所示。

图2-2-25　测量PDU动力蓄电池端子的搭铁电压

图2-2-26　断开PDU正极（DC/DC）线束

（10）断开PDU负极（DC/DC）搭铁线，如图2-2-27所示。

（11）拔出快充高压线束和空调压缩机高压线束，如图2-2-28所示。

图2-2-27　断开PDU负极（DC/DC）搭铁线

图2-2-28　拔出快充和空调压缩机高压线束

（12）分别断开PDU中的驱动电机控制器MCU高压线束、PTC加热器高压线束、车载充电机高压线束，如图2-2-29～图2-2-31所示。

图2-2-29　断开MCU高压线束

图2-2-30　断开PTC高压线束

（13）打开防冻液盖，举升车辆，拆卸下护板，排放防冻液，如图2-2-32所示。

（14）降下车辆。

图 2-2-31　断开车载充电机高压线束

图 2-2-32　排放防冻液

（15）拆下 PDU 上的 2 根冷却液管，如图 2-2-33 所示。

（16）拆下 4 个 PDU 固定螺栓，如图 2-2-34 所示。

图 2-2-33　拆下 PDU 上的冷却液管

图 2-2-34　拆下 PDU 固定螺栓

（17）取出 PDU 总成，如图 2-2-35 所示。

图 2-2-35　取出 PDU 总成

2）PDU 的安装

> 💡 提示：
>
> 根据拆卸的相反顺序安装。

（1）放置好 PDU，对角安装 4 个 PDU 固定螺栓，并紧固，如图 2-2-36 所示。

（2）安装 PDU 冷却液管，如图 2-2-37 所示。

（3）安装快充高压线束，并紧固 2 个螺栓，如图 2-2-38 所示。

（4）安装空调压缩机高压线束，如图 2-2-39 所示。

图 2-2-36　安装 PDU 固定螺栓

图 2-2-37　安装 PDU 冷却液管

图 2-2-38　安装快充高压线束

图 2-2-39　安装空调压缩机高压线束

（5）安装驱动电机控制器 MCU 高压线束，拧紧 2 个固定螺栓，如图 2-2-40 所示。

（6）安装 PTC 加热器高压线束，如图 2-2-41 所示。

图 2-2-40　安装 MCU 高压线束

图 2-2-41　安装 PTC 高压线束

（7）安装 PDU 的 DC/DC 变换器正极和负极搭铁线束，如图 2-2-42、图 2-2-43 所示。

图 2-2-42　安装 DC/DC 变换器正极线束

图 2-2-43　安装 DC/DC 变换器负极搭铁线束

（8）安装车载充电机高压线束，如图 2-2-44 所示。

（9）安装动力蓄电池高压线束插接件，并紧固 2 个固定螺栓，如图 2-2-45 所示。

图 2-2-44　安装车载充电机高压线束

图 2-2-45　安装动力蓄电池高压线束插接件

（10）安装 PDU 低压线束插接件，如图 2-2-46 所示。

（11）加注驱动电机专用冷却液至上限，如图 2-2-47 所示。

图 2-2-46　安装 PDU 低压线束插接件

图 2-2-47　加注冷却液至上限

（12）安装低压蓄电池负极。

（13）起动车辆，检查冷却液液位，并再次添加冷却液至上限。

（14）举升车辆，检查冷却液管接口有无泄漏。

（15）安装下护板，降下车辆。

（16）收起翼子板护垫，放下前机舱盖。

学习测试

1. 填空题

（1）新能源汽车整个 12V 低压电气架构的改变，使得原有低压蓄电池的_____产生了改变，它的作用就只变成了一个_____，而不需要提供瞬时的高功率了。

（2）DC/DC 变换器由于本身是电子控制部件，对_____和_____均可进行较精确的控制，所以可以实现对低压蓄电池的_____管理。

（3）新能源汽车电子控制模块_____，CAN 网络的睡眠唤醒机制较为复杂，特别是在_____的时候。

（4）蓄电池的检测比较简单，只要有专用_____或_____就可以确定蓄电池的性能。

（5）当整车电器使用的功率_____DC/DC 变换器输出功率时，_____协助 DC/DC 变换器供电而满足电能的需求。

2. 判断题

（1）某些新能源整车企业已经用12V锂电池代替原有的铅酸电池。　　　　（　　）

（2）新能源汽车上总体的静态电流较传统汽车小。　　　　　　　　　　　（　　）

（3）由于采用高压动力蓄电池,新能源汽车的12V蓄电池不可能亏电。　　（　　）

（4）故障检测仪器读取控制单元存储的DC/DC变换器相关的DTC,一定是DC/DC变换器损坏。　　　　　　　　　　　　　　　　　　　　　　　　　　　　　（　　）

（5）即使在动力蓄电池电量充足的情况下,新能源汽车也可能起动不了。　（　　）

3. 单项选择题

（1）新能源汽车低压电源系统结构中,DC/DC变换器和低压蓄电池对用电器供电方式是(　　)。

  A. 串联　　　　　　B. 并联　　　　　　C. 混联　　　　　　D. 都可以

（2）根据汽车的设计和纯电动汽车的耗电量,新的低压蓄电池能满足长期停放时间可能是(　　)。

  A. 90天以下　　　　　　　　　　　　B. 90天以上

  C. 长期　　　　　　　　　　　　　　D. 直到动力蓄电池电量耗尽

（3）纯电动汽车仪表报警蓄电池故障,可能原因是(　　)。

  A. 蓄电池本身储电性能故障

  B. DC/DC变换器内部故障

  C. DC/DC变换器电源或与蓄电池连接电路故障

  D. 以上都是

（4）DC/DC变换器的检查要点是(　　)

  A. DC/DC变换器本身是否能正常工作　　B. 高压直流电源输入电路

  C. 低压输出的电路　　　　　　　　　　D. 以上都是

（5）北汽新能源DC/DC变换器连接线束接插件的接口有(　　)端子。

  A. 2个　　　　　　B. 3个　　　　　　C. 4个　　　　　　D. 5个

新能源汽车暖风及空调系统结构原理与检修

本项目的主要内容为新能源汽车暖风及空调系统的结构原理与检修,分为2个任务:

任务1　新能源汽车暖风及空调系统结构原理认知;
任务2　新能源汽车暖风及空调系统检修。

通过2个任务学习,掌握新能源汽车暖风及空调系统结构组成,能够正确操控、使用新能源汽车暖风及空调系统,能够对新能源汽车暖风及空调系统进行检修。

任务1　新能源汽车暖风及空调系统结构原理认知

作为一名新能源汽车专业人员,客户需要你向其详细介绍如何操控新能源汽车暖风及空调系统,以及新能源汽车暖风及空调系统配置的一些新功能的使用方法,你能完成这个任务吗?

任务要求

知识要求

1. 能够描述新能源汽车暖风及空调系统与传统燃油汽车暖风及空调系统的区别;

2. 能够描述新能源汽车送风系统的组成；
3. 能够描述新能源汽车暖风及空调系统控制面板的功能；
4. 能够描述新能源汽车暖风系统的结构组成和工作原理；
5. 能够描述新能源汽车空调制冷系统的结构组成和工作原理。

能力要求

1. 能够正确操控新能源汽车的暖风系统；
2. 能够正确操控新能源汽车的空调系统。

素质要求

1. 培养良好的职业道德和工匠精神；
2. 培养安全意识和团队协作精神；
3. 培养自我管理和自主学习能力。

相关知识

1. 新能源汽车暖风及空调系统概述

1）新能源汽车暖风及空调系统与传统燃油汽车的区别

由于没有发动机的稳定热源，新能源汽车通常是利用电加热的方式来产生暖风。电加热的方式有两种：一种是通过加热冷却液，再经过循环，为暖风水箱提供热量；另一种是直接加热经过蒸发箱的空气实现暖风。

新能源汽车空调制冷系统与传统燃油汽车的区别是空调压缩机驱动方式发生了变化。新能源汽车空调压缩机采用电驱动的方式，而绝大多数传统燃油汽车采用发动机皮带驱动。

2）新能源汽车送风系统组成

新能源汽车暖风及空调的送风系统与传统燃油汽车基本相似，空气通过蒸发器和热交换器形成冷风或暖风和风速，根据乘员的需要输送到指定出风口。

新能源汽车送风系统的组成包括鼓风机、风道、风门和出风口，如图 3-1-1 所示。

新能源汽车送风系统的通风方式、空气净化方式与传统燃油汽车一致。

3）新能源汽车暖风及空调系统控制面板

与传统燃油汽车一样，新能源汽车的暖风及空调系统的开关都集中在一个控制面板上，这样不仅节省仪表板的空间而且有利于驾驶人来进行自由切换。新能源汽车的控制面板按键功能如图 3-1-2 所示。

下面以上汽荣威 E50 纯电动汽车电动空调控制面板（图 3-1-3）为例，介绍各开关按键的功能，其他车型可以参照其用户手册及相关的技术资料。

（1）空调控制面板。

荣威 E50 纯电动汽车空调控制面板各按键的功能如图 3-1-4 所示。

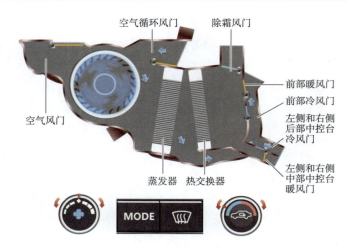

图 3-1-1　新能源汽车送风系统组成

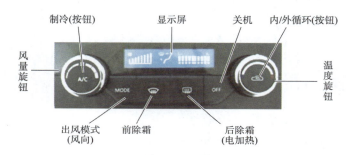

图 3-1-2　新能源汽车空调控制面板示意图

荣威 E50 纯电动汽车不再是空调机械按键,而是采用触摸式按键。按照液晶显示屏的提示信息,正确操作空调开关,使空调系统正常运转。

图 3-1-3　荣威 E50 纯电动汽车空调控制面板

(2)空调控制面板液晶屏显示区域。

空调控制面板液晶屏显示区域(图 3-1-5)通常设计用于显示出风口的风向位置信息、鼓风机的风量大小信息、内外循环的开关信息、冷/热风交换翻板位置信息等。按某个按键时,其背景亮起表示处于激活状态,背景不变表示处于未激活状态。

①出风口的风向位置信息:指示车辆在当前驾驶模式下,车内送风风向位置(如面部、脚部等)信息。

②鼓风机的风量大小信息:指示车辆当前空调系统送风风量的大小。

③内外循环的开关信息:指示车辆当前的空气循环路径。

④冷/热风交换翻板位置信息:指示车辆当前冷/热风翻板所处的位置。

(3)空调液晶屏显示状态栏显示。

空调显示屏状态栏显示如图 3-1-6 所示。当按空调系统任意按键 5s,显示屏显示界面将返回上一界面,并在显示屏上方以状态栏显示空调系统工作状态。空调系统关闭后,状态栏显示"Climate off(空调关闭)"。

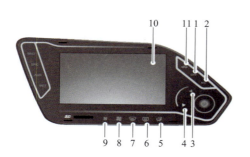

图 3-1-4 荣威 E50 纯电动汽车空调控制面板按键功能
1-空调开关按键;2-A/C 开关按键;3-温度上升按键;4-温度下降按键;5-空气分配模式按键;6-后风窗加热除霜按键;7-前风窗加热除霜按键;8-风量增大按键;9-风量减小按键;10-液晶显示屏;11-空气循环模式按键

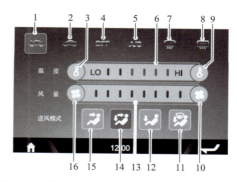

图 3-1-5 荣威 E50 纯电动汽车空调显示屏显示区域
1-外循环模式触摸键;2-内循环模式触摸键;3-温度下降触摸键;4-空调开关触摸键;5-A/C 开关触摸键;6-温度显示;7-除霜/雾触摸键;8-后风窗加热触摸键;9-温度上升触摸键;10-风量增大触摸键;11-吹脚/除霜模式触摸键;12-吹脚模式触摸键;13-风量显示;14-吹面/吹脚模式触摸键;15-吹面模式触摸键;16-风量减小触摸键

图 3-1-6 荣威 E50 纯电动汽车空调显示屏状态栏显示
1-温度设定;2-除霜/雾(黄色);3-后风窗加热(黄色);4-空气分配模式设置;5-空气循环;6-A/C 开启;7-OFF/ON;8-风量设定

2. 新能源汽车暖风系统的结构组成和工作原理

与传统燃油汽车一样,新能源汽车暖风系统(图 3-1-7)是将冷空气送入热交换器,吸收某种热源的热量,提高空气的温度,并将热空气送入车内。新能源汽车暖风系统的作用如下。

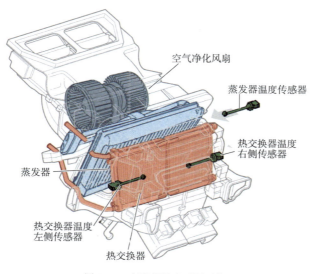

图 3-1-7 新能源汽车暖风系统

(1)与蒸发器一起,共同将空气调节到使人感到舒适的温度。

(2)在寒冷的冬季向车内供暖,提高车内空气的温度。

(3)当车窗结霜,影响驾驶人和乘客的视线,不利于行车安全时,可通过采暖装置吹出热风来除霜。

新能源汽车暖风系统与传统汽车主要的区别在于加热方式不同,以下介绍新能源汽车暖风系统的加热方式及其结构原理。

1)加热空气的方式

由于没有发动机稳定的热源,其他高压部件工作时产生的热量又不够,因此,绝大多数的新能源汽车需要靠PTC加热器的热能来采暖。

PTC是正温度系数(Positive Temperature Coefficient)的英文缩写。利用发热类PTC材料性能稳定、升温迅速、受电源电压波动影响小等特性,制成的各种加热器产品,已成为金属电阻丝类发热材料最理想的替代产品。目前已大量应用于电动汽车暖风系统及除霜机等。PTC加热芯采用热敏元件与铝管组成,它利用鼓风机鼓动空气流经PTC电热元件强迫对流,以此为主要热交换方式,吹出暖风。

新能源汽车的PTC加热器(图3-1-8)采用PTC热敏陶瓷元件,由若干单片组合后与波纹散热铝条经高温胶粘结成,具有热阻小、换热效率高的显著优点。它的最大特点在于安全性,即遇风机故障堵转时,PTC加热器因得不到充分散热,功率会自动急剧下降,此时加热器的表面温度维持限定温度(一般为240℃左右),从而不致产生电热管类加热器表面的"发红"现象,排除了发生事故的隐患。

PTC加热器的结构与参数如图3-1-9所示。

图3-1-8　PTC加热器外形

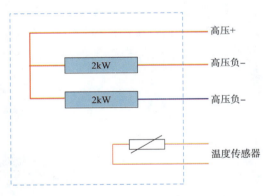

图3-1-9　PTC加热器结构示意图

(1)加热器:有2组电热阻丝并联组成,单独控制。

(2)温度传感器:检测加热器本体的温度,控制加热器导通和切断。

(3)熔断器:控制电路上,防止加热器失控发生火灾。

PTC加热器的控制原理如图3-1-10所示(以北汽新能源纯电动汽车为例)。

点火开关打开后,空调继电器为压缩机控制器、PTC控制器和PTC提供电源。PTC控制器根据来自空调面板的暖风请求信号(CAN-H和CAN-L)以及温度传感器信号,控制PTC加热器工作。

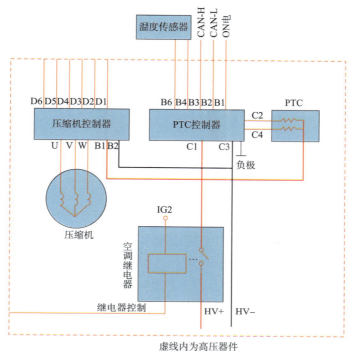

图 3-1-10　PTC 加热器的控制原理图

2）加热冷却液的方式

新能源汽车冷却液的作用一方面是给汽车上容易发热的元件（如驱动电机等）散热，另一方面是在温度较低的情况下提供热能供车内采暖。纯电动汽车没有传统燃油汽车的发动机，因此没有足够的热源，这样一来在温度较低的情况下仅靠车辆的电器元件工作的热量来加热冷却液是远远不够的，无法给车内提供足够的热源。

为保证在温度较低的情况下，给车内提供足够的热源，在冷却液循环系统上安装一个加热装置（一般也是采用 PTC 加热器），如图 3-1-11 所示，将其串联在冷却液循环系统中来加热冷却液，使冷却液的温度达到合适的温度，以给车内提供足够的热源，加热器由控温器和限温器来完成。控温器一般都设置在插入水中的金属管内，其最高控制温度一般都设定合适的温度区域，这样就可保证加热器有较大的蓄热量。为了防止控温器失灵时加热冷却液温度过高，影响车辆的工作性能，还在热水器上安装了限温器，其限温值设定在略高于控温器的最高控制温度，一旦加热温度达到设定值时，限温器便立即切断电源，避免了加热失控，影响整车性能。

图 3-1-11　冷却液 PTC 加热装置

加热装置的工作状态如下：

（1）冷却液温度较低时的工作状态。

如图 3-1-12 所示，加热丝导通。

（2）冷却液温度较高时工作状态。
如图 3-1-13 所示，加热丝断开。

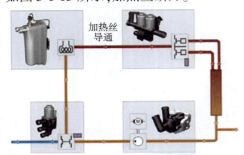 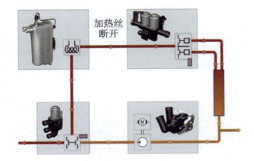

图 3-1-12　冷却液加热装置工作状态（温度低）　　　图 3-1-13　冷却液加热装置工作状态（温度高）

3.新能源汽车空调制冷系统的结构组成和工作原理

1）新能源汽车空调制冷系统的结构组成

新能源汽车空调系统与传统燃油汽车制冷原理大致相同，主要区别是压缩机的驱动方式，纯电动汽车的空调采用电动方式来驱动压缩机，而传统燃油汽车通过发动机曲轴皮带驱动。

新能源汽车制冷系统的示意图如图 3-1-14 所示。

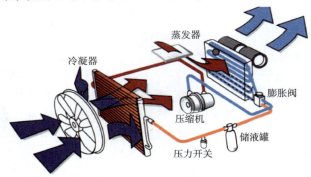

图 3-1-14　新能源汽车制冷系统示意图

2）新能源汽车制冷系统工作参数

新能源汽车制冷系统的主要工作参数（北汽新能源纯电动汽车为例，图 3-1-15）如下：低压一般在 0.25～0.3MPa；高压一般在 1.3～1.5MPa。平衡压力一般为 0.6MPa 左右，因受环境温度及加注量同时影响，不可作为主要依据，为参考数值。

3）新能源汽车制冷剂的工作特性

新能源汽车空调制冷系统的制冷剂的工作特性与传统燃油汽车相同：高压液态散热，低压气态吸热。如图 3-1-16 所示。

4）新能源汽车空调制冷系统的控制原理

北汽新能源纯电动汽车空调制冷系统的控制原理如图 3-1-17 所示。

空调控制面板根据驾驶人的操作需求，发送 A/C 信号、冷暖选择信号、鼓风机信号到整车控制器，整车控制器同时接收空调压力开关、温度信号，通过 CAN 传输系统指令压缩机控制器驱动空调压缩机工作，同时整车控制器也控制冷凝风扇运转。

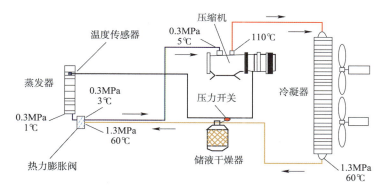

图 3-1-15　新能源汽车制冷系统的工作参数

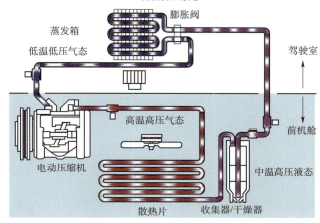

图 3-1-16　新能源汽车制冷系统的工作特性

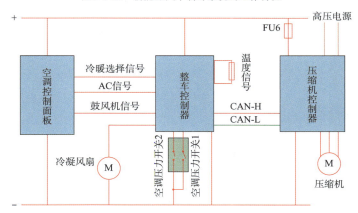

图 3-1-17　北汽新能源汽车制冷系统控制原理示意图

比亚迪 E6 纯电动汽车空调制冷系统控制框图如图 3-1-18 所示。

空调控制器接收空调面板开关、各种相关传感器、制冷剂压力开关信号,直接控制鼓风机及各风门电机动作,同时通过 CAN 信号,指令空调驱动器驱动电动压缩机和 PTC 加热器,指令主控 ECU(整车控制器)控制风扇动作。

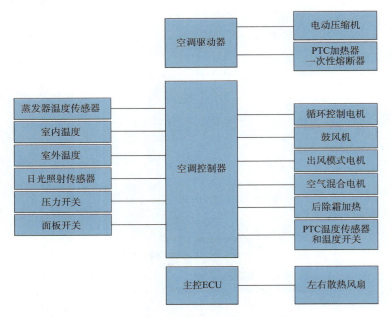

图 3-1-18　比亚迪 E6 空调制冷系统控制框图

任务实施

（一）工作准备

（1）防护装备：常规实训着装。
（2）车辆、台架、总成：荣威 E50 或比亚迪 E6 等同类纯电动汽车。
（3）专用工具、设备：无。
（4）手工工具：无。
（5）辅助材料：无。

（二）实施步骤

本项目以荣威 E50 纯电动汽车为例，介绍新能源汽车暖风及空调系统面板操作，其他车型请参照用户手册。

（1）点击液晶显示屏启动按键，如图 3-1-19 所示。
（2）点击 SRC 模式切换按键进入空调界面，如图 3-1-20 所示。
（3）点击 A/C 开关，打开空调压缩机进入冷风模式，如图 3-1-21 所示。
（4）打开冷热风交换翻版按键，使翻版位置处在热风位置，提供车内供暖，可增加或减小温度，如图 3-1-22 所示。
（5）调节鼓风机风量大小，根据驾驶人的意愿使送风量达到合适状态，可增加或减小风量，如图 3-1-23 所示。

图 3-1-19　点击液晶显示屏启动按键

图 3-1-20　点击 SRC 模式切换按键进入空调界面

图 3-1-21　进入冷风模式

图 3-1-22　打开冷热风交换翻版按键

（6）调节出风口位置按键,根据驾驶人意愿使送风位置达到合适的状态。打开吹面吹脚风道、吹脚风道、吹脚吹前风窗玻璃风道、吹面风道,如图 3-1-24 所示。

图 3-1-23　调节鼓风机风量大小

图 3-1-24　调整风向

（7）切换到内循环或外循环模式,如图 3-1-25 所示。

（8）关闭空调系统,如图 3-1-26 所示。

图 3-1-25　切换内外循环

图 3-1-26　关闭空调系统

（9）点击液晶显示屏开关（电源开关键）,关闭屏幕,如图 3-1-27 所示。

图 3-1-27　关闭显示屏

学习测试

1. 填空题

（1）新能源汽车空调制冷系统与传统燃油汽车区别的是_____发生了变化。

（2）纯电动汽车暖风系统电加热采用了_____方式和_____方式来供暖。

（3）新能源汽车制冷剂的工作特性与传统车辆相同：高压液态_____，_____吸热。

（4）比亚迪 E6 暖风系统采用_____驱动 PTC 加热器制热。

（5）北汽新能源的空调控制面板发送信号到_____，通过_____指令压缩机控制器驱动压缩机工作。

2. 判断题

（1）新能源汽车送风系统与传统燃油汽车基本相似。　　　　　　　　　　（　　）

（2）纯电动汽车空调系统不需要加注冷媒。　　　　　　　　　　　　　　（　　）

（3）因为还保留了发动机，混合动力电动汽车暖风系统都利用发动机的热源。（　　）

（4）PTC 加热器的加热电源为低压电源。　　　　　　　　　　　　　　　（　　）

（5）荣威 E50 纯电动汽车空调系统采用触摸式按键。　　　　　　　　　　（　　）

3. 单项选择题

（1）以下属于纯电动汽车空调系统的特点有（　　）
　　　A. 空调循环系统内没有制冷剂　　　　B. 不再采用高低压开关控制
　　　C. 压缩机靠高压电源来驱动　　　　　D. 系统不需要冷冻油润滑

（2）大多数纯电动汽车的空调暖风开关的设计（　　）
　　　A. 分开不同的面板　　　　　　　　　B. 集中在一个操控面板上
　　　C. 以上说法都正确　　　　　　　　　D. 以上说法都错误

（3）空调制冷循环系统中，流出压缩机制冷剂是（　　）
　　　A. 高温高压液态制冷剂　　　　　　　B. 高温高压气态制冷剂
　　　C. 低温低压气态制冷剂　　　　　　　D. 低温低压液压制冷剂

(4)北汽新能源纯电动汽车驱动空调压缩机的模块是(　　)。
　　A.空调控制面板　　　　　　　　B.整车控制器
　　C.压缩机控制器　　　　　　　　D.动力蓄电池管理器
(5)比亚迪 E6 新能源纯电动汽车驱动空调压缩机的模块是(　　)。
　　A.空调控制面板　　　　　　　　B.主控 ECU
　　C.空调驱动器　　　　　　　　　D.动力蓄电池管理器

任务2　新能源汽车暖风及空调系统检修

提出任务

一辆比亚迪 E6 纯电动汽车,客户反应空调出风口温度偏高。你的主管把对该车的诊断与检修任务分配给你,你能完成这个任务吗?

任务要求

知识要求

1. 能够描述新能源汽车暖风系统的检修方法;
2. 能够描述新能源汽车空调制冷系统的检修方法。

能力要求

1. 能够检测暖风系统的主要部件;
2. 能够进行 PTC 加热芯的更换;
3. 能够进行新能源汽车空调制冷系统基本检查;
4. 能够进行新能源汽车空调制冷剂加注。

素质要求

1. 培养良好的职业道德和工匠精神;
2. 培养安全意识和团队协作精神;
3. 培养自我管理和自主学习能力。

1. 新能源汽车暖风系统检修

以下以比亚迪 E6 纯电动汽车为例,介绍新能源汽车暖风系统检修方法,其他车型可以参考维修手册及相关的技术资料。

1)比亚迪 E6 暖风系统的特点

传统汽车暖风系统通过发动机冷却液的热量来制热,在发动机起动、暖机等冷却液温度较低阶段制热效果不好。而比亚迪 E6 纯电动汽车通过约 3kW 的 PTC 加热器(图 3-2-1)制热,制热效果好,同时可以调节制热量。

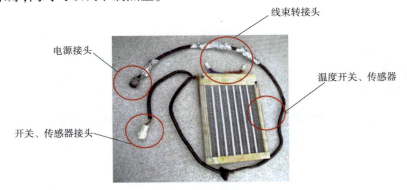

图 3-2-1　PTC 加热器实物图

比亚迪 E6 暖风系统的 PTC 加热器由空调控制器控制,由空调电机驱动器提供制热的高压电源,通过鼓风机吹出的空气将 PTC 散发出的热量送到车厢内或风窗玻璃上,提高车厢内温度和除霜,如图 3-2-2 所示。

图 3-2-2　比亚迪 E6 暖风系统原理图

2)比亚迪 E6 暖风系统故障检修流程

比亚迪 E6 暖风系统故障检修流程如图 3-2-3 所示。暖风系统不供暖或供暖不足,首先应判断是送风系统的故障还是 PTC 供暖(制热)循环系统的故障。送风系统故障通常出现在鼓风机及其控制电路;供暖循环系统故障通常出现在 PTC 制热模块(加热器)及其控制电路。

3)比亚迪 E6 暖风系统部件检测

(1)PTC 温度传感器的检测。

比亚迪 E6 暖风系统的 PTC 温度传感器的电路图如图 3-2-4 所示。

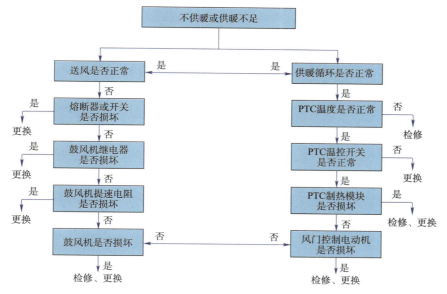

图 3-2-3　暖风故障检修流程图

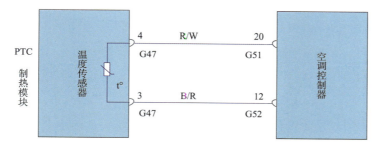

图 3-2-4　PTC 温度传感器电路图

利用万用表检测 PTC 温度传感器端子的线束,检测数据见表 3-2-1。

PTC 温度传感器接线端子检测数据　　　　　　　　表 3-2-1

端子	正常值
G47-4-G51-20	<10Ω
G47-3-G52-12	<1Ω
G47-4-车身地	>10kΩ
G47-3-车身地	>10kΩ

（2）PTC 制热模块的检测。

比亚迪 E6 暖风系统 PTC 制热模块的电路图如图 3-2-5 所示。

利用万用表检测 PTC 制热模块的电源、搭铁以及与各控制器之间的线路是否导通。

（3）温控开关的检测。

比亚迪 E6 暖风系统温控开关的电路图如图 3-2-6 所示。

利用万用表检测温控开关端子的线束,检测数据见表 3-2-2。

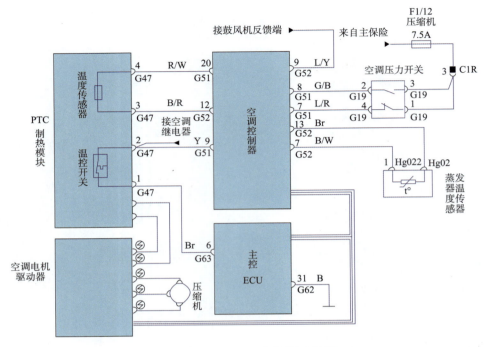

图 3-2-5　空调及 PTC 制热模块电路图

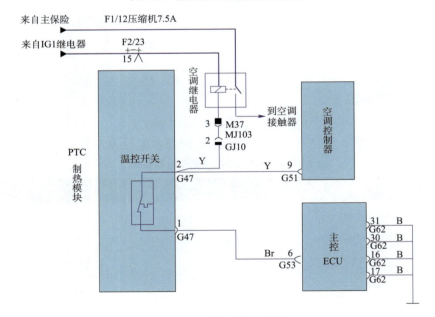

图 3-2-6　温控开关电路图

温控开关接线端子检测数据　　　　　　　　　　　　　　　表 3-2-2

端子	条件	正常值
G47-1-G47-2	t < 80℃	< 1Ω
G47-1-G47-2	t > 85℃	> 10kΩ

2. 新能源汽车空调制冷系统检修

以下以比亚迪 E6 纯电动汽车为例,介绍新能源汽车空调制冷系统检修方法,其他车型可以参考维修手册及相关的技术资料。

比亚迪 E6 以及其他新能源汽车空调制冷系统大部分部件与传统汽车基本一致,以下介绍电动压缩机的作用、结构原理及故障检修。

1) 电动空调压缩机的作用和结构原理

传统燃油汽车的空调压缩机靠皮带轮通过发动机曲轴带动转动,其转速只能被动地通过发动机转速来调节,空调系统无法主动对压缩机转速进行调节。而新能源汽车空调系统的压缩机为电动压缩机,由高压电驱动,转速可以由控制系统主动调节,调节范围在 0~4000r/min,既保证了良好的制冷效果,同时也节省了电能。

(1) 比亚迪 E6 压缩机的作用。

压缩机是汽车空调制冷系统的核心部件,其作用是将低压低温的气态制冷剂压缩成高压高温的气态制冷剂,并推动制冷剂在系统中循环流动。比亚迪 E6 的空调电动压缩机如图 3-2-7 所示。

(2) 比亚迪 E6 压缩机的结构。

比亚迪 E6 采用的电动涡流式压缩机属于第 3 代压缩机,采用螺旋式的压缩盘,结构如图 3-2-8 所示。

图 3-2-7 比亚迪 E6 电动压缩机

图 3-2-8 电动压缩机的螺旋压缩盘

涡流式压缩机结构主要分为动静式和双公转式两种。目前动静式应用最为普遍,它的工作部件主要由动涡轮(旋转涡管)与静涡轮(固定涡管)组成。动、静涡轮的结构十分相似,都是由端板和从端板上伸出的渐开线形涡旋齿组成,如图 3-2-9、图 3-2-10 所示。两者偏心配置且相互错开,静涡轮静止不动,而动涡轮在专门防转机构的约束下,由曲柄轴带动作偏心回转平动,即无自转,只有公转。

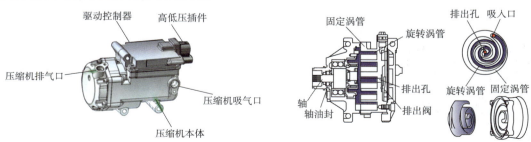
图 3-2-9 涡流式压缩机的结构

（3）比亚迪 E6 压缩机的工作过程。

比亚迪 E6 电动涡流式压缩机工作过程如图 3-2-11 所示，工作原理如图 3-1-12 及动画所示。

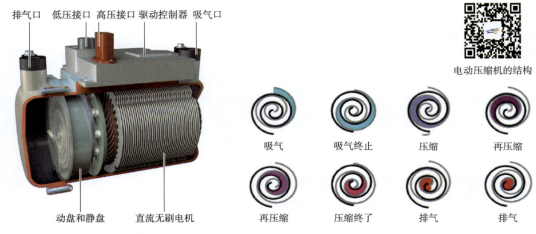

图 3-2-10 涡流式压缩机的结构视频　　　　图 3-2-11 电动涡轮式压缩机工作过程

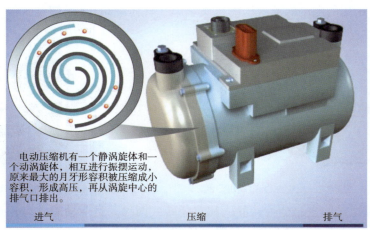

图 3-2-12 电动涡流式压缩机的工作原理

涡流式压缩机的吸气口设在固定涡旋轮外侧，由于曲柄的转动，气体由边缘吸入，并被封闭在月牙形容积内，随着接触线沿涡旋面向中心推进，月牙形容积逐渐缩小而压缩气体。高压气体则通过固定涡旋盘上的轴向中心孔排出。

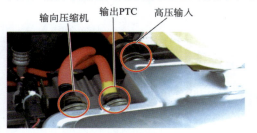

图 3-2-13 空调驱动器上的电动压缩机及 PTC 接线

（4）比亚迪 E6 压缩机的电路。

比亚迪 E6 电动压缩机的电路接线如图 3-2-13 所示，电路图如图 3-2-14 所示。空调电机驱动器与 DC/DC 变换器集成一体，为电动压缩机电机提供三相高压交流电源。

（5）比亚迪 E6 压缩机的工作参数。

比亚迪 E6 电动压缩机的工作参数如下：

①工作电压:320V。
②制冷剂型号和加注量:R134a,550g。
③压缩机油型号和加注量:POE68,120ml。

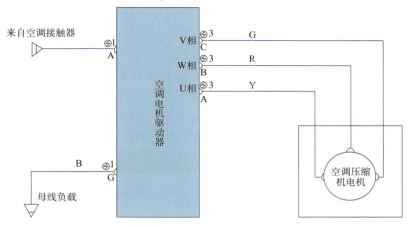

图 3-2-14　电动压缩机的电路图

(6)比亚迪 E6 压缩机故障诊断。

除了目测检查是否运转外,空调系统电动压缩机的故障一般采用检测系统压力进行诊断。

①压力测量。满足下列条件后读取支管压力表压力。

测试条件如下:

a.起动车辆。

b.鼓风机转速控制开关置于"HI"位置。

c.温度调节旋钮置于"COOL"位置。

d.空调开关打开。

e.车门全开。

导致汽车空调制冷不足的故障原因很多,在诊断时应熟练掌握制冷系统的工作原理,利用系统的高、低压压力,并配合各部位的温度变化,根据不同元件故障特征的不同,进行确认与排除。

正常工作的制冷系统仪表读数,见表3-2-3。

系统正常压力读数　　　　　　　　　　表 3-2-3

压　力	读　数
低压压力	0.15～0.25MPa
高压压力	1.37～1.57MPa

压缩机压缩量不足时,制冷系统压力表读数,见表3-2-4。

系统压力故障压力读数　　　　　　　　　　表 3-2-4

压　力	读数	可能原因	诊　　断	纠正措施
低压压力	高	压缩机内部泄漏	压缩能力过低,阀门损坏引起泄漏,或零件可能断裂	更换压缩机
高压压力	低			

②比亚迪 E6 空调电动压缩机不转的原因。空调制冷请求信号发送的条件有：

a. A/C 按键有效。

b. 空调系统压力非高压、非低压。

c. 压缩机起停时间的间隔大于等于 10s。

d. 蒸发器温度大于等于 4℃。

e. 鼓风机运转。

在满足空调制冷的条件下，如果压缩机不运转，检查压缩机控制电路及压缩机本体。

2）比亚迪 E6 空调系统常见故障及可能的故障部位

比亚迪 E6 空调系统常见故障及可能的故障部位见表 3-2-5。

比亚迪 E6 空调系统故障现象对照表　　　　　表 3-2-5

故 障 症 状	可能发生部位
制冷系统工作不正常（实际温度与设定温度有偏差，风速挡位异常）	各传感器
	前调速模块
	AC 鼓风机
	空调控制面板总成
	线束和连接器
出风模式调节不正常	前出风模式风门控制电机
	空调控制器
	线束和连接器
驾驶人侧冷暖调节不正常	驾驶人侧空气混合控制电机
	空调控制器
	线束和连接器
副驾驶人侧冷暖调节不正常	副驾驶人侧空气混合控制电机
	空调控制器
	线束和连接器
内外循环调节不正常	循环控制电机
	空调控制器
	线束连接器
空调系统所有功能失效	高压配电
	空调电机驱动器
	空调控制器电源电路
	空调控制器
	CAN 传输系统
	线束和连接器
仅制冷系统失效（鼓风机工作正常）	压缩机
	空调电机驱动器
	压力开关

续上表

故障症状	可能发生部位
鼓风机不工作	鼓风机回路
	空调控制器
后除霜失效	后除霜回路
	主控ECU
	线束和连接器
仅暖风系统失效	PTC制热模块
	空调电机驱动器

（一）工作准备

（1）防护装备：绝缘防护装备。
（2）车辆、台架、总成：北汽新能源纯电动汽车，比亚迪E6或同类纯电动汽车。
（3）专用工具、设备：万用表；歧管压力表；电子检漏仪；真空泵；制冷剂回收机。
（4）手工工具：绝缘组合拆装工具。
（5）辅助材料：干净的抹布；压缩机油；制冷剂。

（二）实施步骤

根据实训室的车辆配置（以北汽新能源纯电动汽车为例），对纯电动汽车暖风及空调系统进行检修。

> ⚠️ 警告：
>
> （1）禁止未参加该车型系统知识培训的维修人员拆装，拆装更换部件时，请注意型号及功率，以免发生危险。在拆装过程中请小心防护PTC加热芯，避免损伤部件，造成不必要的损失。
>
> （2）在进行高压相关操作前，维修人员必须穿戴好劳保用品，戴好绝缘手套，穿好高压绝缘鞋，在戴绝缘手套前，必须要检查绝缘手套是否有破损的地方，确保手套无绝缘失效。

1.新能源汽车PTC加热芯拆卸、检测与安装

1）新能源汽车PTC加热芯拆卸
（1）关闭点火开关，拔下车辆钥匙。

> ⚠️ **警告**：
> 正常情况下，在钥匙开关关闭后，高压系统还存在高压电，这是由电机控制器中高压电容的存在造成，需要经过一段时间的等待，高压电容中的电才能被完全释放。

（2）打开前机舱，铺设翼子板护垫。
（3）断开低压蓄电池负极，用绝缘胶带包裹负极防止虚接。
（4）断开 PTC 高压连接器，如图 3-2-15 所示。
（5）将万用表旋至直流电压挡，用万用表检测 PTC 高压线束端子之间电压和端子对地之间电压，应为 3V 以下，确认没有存在高压，如图 3-2-16、图 3-2-17 所示。

新能源汽车 PTC 加热芯的拆卸

图 3-2-15　断开 PTC 高压连接器

图 3-2-16　检测 PTC 高压线束端子之间电压

（6）分别拆下主驾驶、副驾驶的副仪表板子母扣，取下副仪表板前挡板总成，如图 3-2-18 所示。

图 3-2-17　检测 PTC 高压线束端子对地之间电压

图 3-2-18　取下副仪表板前挡板总成

（7）断开加速踏板上方的 PTC 总成高压线束，如图 3-2-19 所示。
（8）断开安全气囊模块左侧的 PTC 负极搭铁，如图 3-2-20 所示。

图 3-2-19　断开加速踏板上方的 PTC 总成高压线束

图 3-2-20　断开安全气囊模块左侧的 PTC 负极搭铁

（9）在 PTC 高压线束插口端固定牵引导线，如图 3-2-21 所示。
（10）拆下暖风蒸发箱总成的 PTC 盖板固定螺钉，取下 PTC 盖板，如图 3-2-22 所示。

图 3-2-21　在 PTC 高压线束插口端固定牵引导线

图 3-2-22　拆下 PTC 盖板固定螺钉

（11）从暖风蒸发箱抽出 PTC 总成及 PTC 高压线束，如图 3-2-23 所示。
（12）断开 PTC 温度传感器连接器，如图 3-2-24 所示。

图 3-2-23　从暖风蒸发箱抽出 PTC 总成　　　　图 3-2-24　断开 PTC 温度传感器连接器

（13）断开高压线束牵引导线，取出 PTC 总成及 PTC 高压线束，如图 3-2-25 所示。

2）新能源汽车 PTC 加热芯的检测

（1）将端子针延长线接入温控开关端子，如图 3-2-26 所示。

图 3-2-25　取出 PTC 总成及 PTC 高压线束　　　　图 3-2-26　将端子针延长线接入温控开关端子

（2）用万用表欧姆挡测量温控开关端子间电阻，如图 3-2-27 所示。
温控开关电阻规格如下：
① 当最低温度小于 80℃ 时，电阻值应小于 1Ω。
② 当最高温度大于 85℃ 时，电阻值应大于 10kΩ。
（3）拔出端子针延长线。
（4）测量 PTC 加热芯端子之间的电阻（图 3-2-28）。规格如下：
① 将表笔连接蓝色和白色端子，应为 1000～1100Ω。

②将表笔连接红色和白色端子,应为 330～3700Ω。
③将表笔连接红色和蓝色端子,应为 600～700Ω。

图 3-2-27　测试温控开关端子间电阻　　　　图 3-2-28　PTC 加热芯端子之间的电阻

3）新能源汽车 PTC 加热芯的安装
(1) 将 PTC 高压线束连接器固定在牵引线上,如图 3-2-29 所示。
(2) 将 PTC 总成插入暖风蒸发箱内,如图 3-2-30 所示。

图 3-2-29　将 PTC 高压线束连接器固定在牵引线上　　　　图 3-2-30　将 PTC 总成插入暖风蒸发箱内

(3) 缓慢拖动前机舱侧导线将 PTC 高压线束连接器从副驾驶室拖到主驾驶室,如图 3-2-31 所示。
(4) 松开 PTC 高压线束的牵引线,如图 3-2-32 所示。

图 3-2-31　将 PTC 高压线束连接器拖到主驾驶室　　　　图 3-2-32　松开 PTC 高压线束的牵引线

(5) 安装 PTC 负极搭铁线,如图 3-2-33 所示。
(6) 将 PTC 盖板固定到暖风蒸发箱上,如图 3-2-34 所示。
(7) 安装 PTC 温度传感器连接器,如图 3-2-35 所示。
(8) 安装副驾驶副仪表板前挡板总成,并扣上子母扣,如图 3-2-36 所示。
(9) 安装 PTC 侧高压线束连接器,如图 3-2-37 所示。
(10) 安装主驾驶副仪表板前挡板总成,并扣上子母扣。

图 3-2-33　安装 PTC 负极搭铁线

图 3-2-34　将 PTC 盖板固定到暖风蒸发箱上

图 3-2-35　安装 PTC 温度传感器连接器

图 3-2-36　安装副驾驶副仪表板前挡板总成

（11）安装 PTC 控制侧高压线束连接器，如图 3-2-38 所示。

图 3-2-37　安装 PTC 侧高压线束连接器

图 3-2-38　安装 PTC 控制侧高压线束连接器

（12）安装蓄电池负极线。
（13）打开点火开关，开启暖风测试温度，如图 3-2-39 所示。
（14）用手感受出风口温度，应有暖风吹出，如图 3-2-40 所示。

图 3-2-39　开启暖风测试温度

图 3-2-40　用手感受出风口温度

（15）确认暖风温度正常后，关闭暖风系统，如图 3-2-41 所示。
（16）关闭点火开关，收起翼子板护垫，关闭前机舱盖。

图 3-2-41　关闭暖风系统

2. 新能源汽车空调制冷系统的基本检查与制冷剂加注

1）新能源汽车空调制冷系统的基本检查

> ⚠ **警告：**
> 在检查电子风扇时，请确保关闭点火开关，拔出车辆钥匙，避免发生危险。在检查散热器时，应当心用力过猛，以免损害其散热效果。

（1）检查冷却及制冷剂循环软管是否有渗漏，如图 3-2-42 所示。

（2）检查冷却液液位是否正常，如图 3-2-43 所示。

图 3-2-42　检查软管是否有渗漏　　　　图 3-2-43　检查冷却液液位是否正常

（3）检查电子风扇有无损坏，必要时启动测试，如图 3-2-44 所示。

（4）检查冷凝器散热片（不得弄弯、损坏或堵塞），必要时用专业散热片梳梳直或清洗散热片，如图 3-2-45 所示。

图 3-2-44　检查电子风扇　　　　　　图 3-2-45　检查冷凝器散热片

(5)检查空调系统压力,如图 3-2-46 所示。
①打开汽车空调高低压加注口防尘帽。
②安装制冷剂回收加注机高压管,并打开阀门。
③安装制冷剂回收加注机低压管,并打开阀门。
④观察制冷剂回收加注机高低压阀门仪表压力,判断是否正常(见表 3-2-3 和表 3-2-4)。

图 3-2-46　检查空调系统压力

2)新能源汽车空调制冷系统制冷剂加注

 警告:

(1)禁止非专业人员操作,操作人员必须熟悉汽车空调和制冷系统,并了解高压设备的危险性。

(2)禁止向加满的储液罐里加注或添加制冷剂,只能使用经过许可的再加注容器,并且制冷剂可能导致个人伤害,请佩戴防护用品,包括护目镜,断开管路时请小心操作。

(3)在适当的压力下,空气和制冷剂的混合气体具有可燃性,这些可燃性气体具有潜在危险,可能造成人员受伤或财产损失。

制冷剂加注操作步骤如下:

(1)拧开空调高压管加注口保护盖,安装制冷剂回收加注机的高压管,拧开高压管阀门,如图 3-2-47 所示。

(2)拧开空调低压管加注口保护盖,安装制冷剂回收加注机的低压管,拧开低压管阀门,如图 3-2-48 所示。

图 3-2-47　安装制冷剂回收加注机的高压管

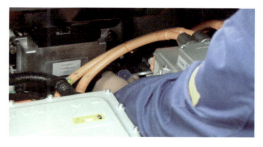

图 3-2-48　安装制冷剂回收加注机的低压管

(3)打开制冷剂回收加注机开关,选择回收制冷剂,打开制冷剂回收加注机高、低压管阀门,如图 3-2-49 所示。

(4)根据车型选择制冷剂回收量(克数),如图 3-2-50 所示。

图 3-2-49 打开制冷剂回收加注机

图 3-2-50 选择制冷剂量

> 注意:
> 具体回收的制冷剂量根据实际车辆的而定,本实验车回收制冷机为 0.425kg。

(5)点击确认回收制冷剂按键,如图 3-2-51 所示。

(6)回收完毕之后,点击抽真空按键,默认为 15min,如图 3-2-52 所示。

图 3-2-51 点击确认回收制冷剂按键

图 3-2-52 点击抽真空按键

(7)抽真空完毕之后,点击下一步开始保压过程,保压过程默认为 1min。

> 注意:
> 在保压过程中,请仔细观察压力表指针的变化,检查是否有泄漏,如果有泄漏,请查明泄漏原因并解决,如果没有发现泄漏,可以选择下一步操作。

(8)保压完成后,选择下一步,点击确认按键,如图 3-2-53 所示。

(9)注油(压缩机冷冻油)完成后退出注油页面。

(10)打开制冷剂回收加注机高、低压管总阀门。

(11)点击加注制冷剂按键,输入制冷剂加注量,如图 3-2-54 所示。

(12)等待制冷剂加注完成。

(13)关闭制冷剂回收加注机高压管路阀门,拔下高压管,如图 3-2-55 所示。

图 3-2-53　点击确认按键

图 3-2-54　输入制冷剂加注量

（14）关闭制冷剂回收加注机低压管路阀门，拔下低压管，如图 3-2-56 所示。

图 3-2-55　拔下高压管

图 3-2-56　拔下低压管

（15）安装空调高压管加注口保护盖。

（16）安装空调低压管加注口保护盖。

（17）点击下一步按键。请再次确认高、低压管已经从车辆上移下，之后下一步回收加注机高、低压管路中的残余制冷剂、冷冻油，默认清理时间为 2min。

（18）点击确认清理完成。

（19）关闭制冷剂回收加注机高、低压管阀门，如图 3-2-57 所示。

（20）关闭制冷剂回收加注机开关，如图 3-2-58 所示。

图 3-2-57　关闭制冷剂回收加注机高、低压管阀门

图 3-2-58　关闭制冷剂回收加注机开关

学习测试

1. 填空题

（1）比亚迪 E6 暖风系统 PTC 加热器由＿＿＿＿＿＿控制，由＿＿＿＿＿＿提供制热的高压电源。

（2）暖风系统不供暖或供暖不足，首先应判断是_____系统的故障还是_____系统的故障。

（3）汽车空调压缩机作用是将_____的气态制冷剂压缩成_____的气态制冷剂，并推动制冷剂在系统中循环流动。

（4）比亚迪E6空调系统的电动压缩机采用_____的压缩盘。

（5）在满足空调制冷的条件下，如果压缩机不运转，检查压缩机_____及_____。

2. 判断题

（1）空调出风口没有暖风，一定是PTC制热模块的故障。（　　）

（2）新能源汽车空调系统的压缩机转速可以由控制系统主动调节。（　　）

（3）比亚迪E6电动压缩机由空调控制器直接驱动。（　　）

（4）除了目测检查是否运转外，电动压缩机的故障一般采用检测系统压力进行诊断。（　　）

（5）在适当的压力下，空气和制冷剂的混合气体具有可燃性。（　　）

3. 单项选择题

（1）比亚迪E6纯电动汽车的PTC加热器持续工作30min，消耗的电能大约是(　　)。

　　A. 1.5kW·h　　　B. 3.0kW·h　　　C. 15.0kW·h　　　D. 30.0kW·h

（2）暖风系统中，PTC温度传感器安装在(　　)。

　　A. 车厢内　　　　　　　　　　B. PTC制热模块内

　　C. 出风口　　　　　　　　　　D. 空调控制器内部

（3）比亚迪E6制冷剂加注的数量(　　)

　　A. 300g　　　　B. 450g　　　　C. 550g　　　　D. 650g

（4）比亚迪空调压缩机输入的电源是(　　)。

　　A. 12V电源　　　　　　　　　B. 动力蓄电池高压

　　C. 三相交流高压　　　　　　　D. 单相交流高压

（5）空调电动压缩机不运转，可能的故障原因是(　　)。

　　A. 压缩机本体故障　　　　　　B. 空调控制器及线路故障

　　C. 不符合制冷条件　　　　　　D. 以上都是

项目四

新能源汽车制动及转向系统结构原理与检修

本项目主要学习新能源汽车电控制动及电动转向系统的结构原理与检修,分为2个任务:
任务1 新能源汽车电控制动系统结构原理与检修;
任务2 新能源汽车电动转向系统结构原理与检修。
通过2个任务学习,掌握新能源汽车电控制动系统、电动转向系统的结构组成、工作原理及检修方法,能区分新能源汽车制动系统、转向与传统燃油汽车的异同点,以及能对新能源汽车电控制动系统、电动转向系统进行检修。

任务1 新能源汽车电控制动系统结构原理与检修

一辆北汽新能源纯电动汽车,前机舱一直有"嗡嗡"的声音,制动无助力,有时车辆无法加速(车辆限速)。技术主管判断此现象为电动真空助力系统故障,作为一名纯电动汽车售后服务人员,你能够完成检修任务吗?

任务要求

■ 知识要求

1. 能够描述纯电动汽车制动系统的结构组成以及与传统燃油汽车的区别;

2. 能够描述混合动力电动汽车制动系统的结构组成以及与传统燃油汽车的区别；
3. 能够描述纯电动汽车制动电动真空助力系统的检修方法；
4. 能够描述混合动力电动汽车电控制动系统的检修方法。

能力要求

1. 能够识别并介绍纯电动汽车、混合动力电动汽车制动系统组成部件；
2. 能够进行纯电动汽车制动电动真空助力系统的拆装；
3. 能够进行纯电动汽车电动真空助力系统的测试；
4. 能够进行混合动力电动汽车制动管路放气、传感器更换与调整。

素质要求

1. 培养良好的职业道德和工匠精神；
2. 培养安全意识和团队协作精神；
3. 培养自我管理和自主学习能力。

相关知识

新能源汽车制动系统与传统燃油汽车制动系统的区别不大，主要不同方面是新能源汽车在传统燃油汽车液压制动系统基础上增加了电动真空助力系统，或直接采用电子控制制动系统，以及采用制动能量回收模式。

以下介绍纯电动汽车与混合动力电动汽车制动系统，着重介绍与传统燃油汽车制动系统不同的结构。

1. 纯电动汽车制动系统结构原理与检修

纯电动汽车采用的液压制动系统与传统燃油汽车基本结构基本一致，但是在液压制动系统的真空辅助助力系统和制动主缸两个部件上存在较大的差异。

绝大多数的汽车采用真空助力伺服制动系统，使人力和助力并用。真空助力器利用前后腔的压差提供助力。传统燃油汽车真空助力装置的真空源来自发动机进气歧管，真空度负压一般可达到 0.05~0.07MPa。对于纯电动汽车，由于没有发动机总成，即没有传统的真空源，仅由人力产生的制动力无法满足行车制动的需要，通常需要单独设计一个电动真空泵来为真空助力器提供真空源。这个助力系统就是电动真空助力系统，即 EVP（Electric Vacuum Pump）系统。

如图 4-1-1 所示，电动真空助力系统由真空泵、真空罐、真空泵控制器（大部分车型集成到整车控制器 VCU 里）以及与传统燃油汽车相同的真空助力器、12V 电源组成。

电动真空助力系统的工作过程为：当驾驶人起动汽车时，车辆电源接通，控制器开始进行系统自检，如果真空罐内的真空度小于设定值，真空罐内的真空压力传感器输出相应电压信号至控制器，此时控制器控制电动真空泵开始工作，当真空度达到设定值后，真空压力传感器输出相应电压信号至控制器,此时控制器控制真空泵停止工作。当真空罐内的真空度因制动消耗而小于设定值时,电动真空泵再次开始工作,如此循环。

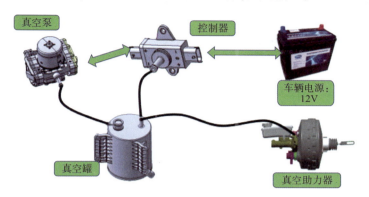

图 4-1-1　电动真空助力系统组成

1)电动真空助力系统的主要组成部件

以下介绍电动真空助力系统的主要组成部件。

(1)真空泵。

真空泵是指利用机械、物理、化学或物理化学的方法对被抽容器进行抽气而获得真空的器件或设备。通俗来讲,真空泵是用各种方法在某一封闭空间中改善、产生和维持真空的装置。汽车上通常采用图 4-1-2 所示的电动真空泵。

(2)真空罐。

真空罐用于储存真空,通过真空压力传感器感知真空度并把信号发送给真空泵控制器,如图 4-1-3 所示,图中电线连接器的位置为真空压力传感器。

(3)真空泵控制器。

真空泵控制器是电动真空系统的核心部件,既可以单独安装,也可以集成到整车控制器等模块中。真空泵控制器根据真空罐的真空压力传感器发送的信号控制真空泵工作,如图 4-1-4 所示。

图 4-1-2　北汽新能源纯电动
　　　　　汽车的真空泵

图 4-1-3　真空罐(带真空压力传感器)

图 4-1-4　真空泵控制器

2)电动真空助力系统的工作原理

以下介绍真空泵控制器对电动真空系统的控制原理。

(1)电动真空助力系统性能参数。

电动真空助力系统性能参数(以北汽新能源汽车为例)见表 4-1-1。

电动真空助力系统性能参数 表 4-1-1

部件	性能参数	
电动真空泵	额定电压	12V DC
	工作电流	不大于 15A
	最大工作电流	不大于 25A
	最大真空度	大于 85kPa
	测试容积	2L
	抽至真空度 55kPa，压力形成时间	不大于 4s
	抽至真空度 70kPa，压力形成时间	不大于 7s
	真空度从 40kPa 抽至 85kPa，压力形成时间	不大于 4s
	延时模块接通闭合的真空度	55kPa
	延时时间	15s
	使用寿命	30 万次
	工作环境温度范围	-20~100℃
	启动温度	-30℃
	噪声	75dB
真空罐	真空罐外形	Φ120×226mm
	真空罐密封性	在(66.7±5)kPa 真空度下，15s 真空压力降 $\Delta P \leq 3$

（2）电动真空泵工作策略。

起动车辆时，电动真空泵 12V 电源接通，真空泵控制器开始自检，当真空罐内的真空度小于设定值时，真空压力开关处于常开状态，此时电动真空泵开始工作；当真空度大于设定值时，真空压力开关或传感器处于常闭状态，电子延时模块立即进入延时工作模式，经过 15s 左右的延时时间后停止，此时真空罐内的真空度达到设定值时，电机停止工作，当真空罐内的真空度因制动消耗，真空度小于设定值时，真空压力开关或传感器再次处于常开状态，电动真空泵再次开始工作，如此循环。

（3）电动真空泵工作原理。

线路连接正常时，接通 12V 直流电源，真空控制器接通真空泵电机开始工作，当真空度达到 -55kPa 时真空压力开关闭合，输出高电平信号给控制器，控制器在接收到信号后延时 10s，电机停止工作。

3）纯电动汽车电动真空助力系统检修

电动真空助力系统是新能源汽车，特别是纯电动汽车制动系统的重要组成部分，以下介绍电动真空助力系统的检修方法，其他与传统燃油汽车相同的部件检修参照传统燃油汽车的检修方法。

（1）电动真空助力系统电路分析。

电动真空助力系统某个真空管路发生空气泄漏时，真空罐压力传感器检测到真空度不足，就会发送信号给控制器，控制真空泵工作。如果真空度一直不足，理论上真空泵会一直工作,但是设计的时候在持续工作15s后会自动停止,防止真空泵过热。此时如果踩下制动踏板,真空泵控制器或整车控制器VCU检测到真空罐压力不足55kPa,就会给真空泵报警继电器和组合仪表发出信号触发仪表报警,如图4-1-5所示。若8s后真空仍未恢复到55kPa以上,会给驱动电机控制器MCU发送信号,让车辆限速到9km/h。

图4-1-5　组合仪表制动故障信息显示

电动真空助力系统电路图如图4-1-6所示。12V直流电源接通后,真空泵控制器发送信号让真空泵开始工作,真空罐压力达到55kPa以上时,真空罐压力传感器闭合,发出高电平信号到真空泵控制器和VCU,真空泵控制器的时间模块延时10s,真空泵停止工作。等真空度下降到－55kPa以下,真空罐压力传感器断开,发出低电平信号给真空泵控制器和VCU,真空泵控制器收到信号后控制真空泵再次开始工作,如此循环。

(2)电动真空助力系统接线方式和针脚定义。

①真空泵控制器。

图4-1-7是真空泵控制器连接器针脚示意图,表4-1-2是真空泵控制器针脚的定义表。

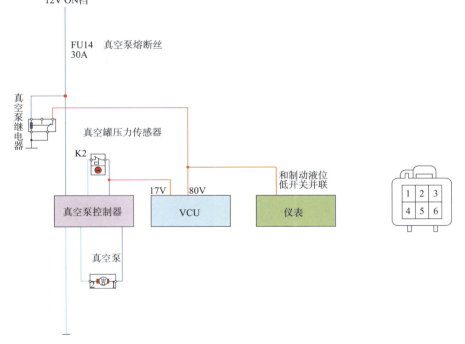

图4-1-6　电动真空助力系统电路图　　　　　图4-1-7　真空泵控制器
　　　　　　　　　　　　　　　　　　　　　　　　　　　　　针脚示意图

真空泵控制器针脚定义表　　　　　　　　　　　表 4-1-2

针脚号	针脚功能	线束走向
1	12V 正极输入	前机舱低压电器盒(30A 熔断丝)
2	12V 正极输出	负极接地
3	触点 1	真空罐压力开关
4	触点 2	真空罐压力开关
5	12V 正极输入	电动真空泵输入正极
6	12V 负极输出	电动真空泵输入负极

②真空泵。

图 4-1-8 是真空泵针脚连接器针脚示意图,表 4-1-3 是真空泵针脚连接器定义表。

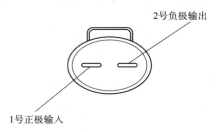

图 4-1-8　真空泵针脚

真空泵针脚定义表　　　　　　　　　　　表 4-1-3

针脚号	针脚功能	线束走向
1	12V 正极输入	真空泵控制器
2	12V 负极输出	真空泵控制器

③真空罐。

图 4-1-9 是真空罐针脚连接器针脚示意图,表 4-1-4 是真空罐针脚连接器定义表。

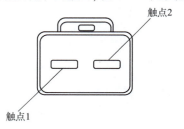

图 4-1-9　真空罐针脚

真空罐针脚定义表　　　　　　　　　　　表 4-1-4

针脚号	针脚功能	线束走向
1	触点 1	真空泵控制器
2	触点 2	真空泵控制器

(3)电动真空助力系统检查与诊断。

电动真空助力系统的检查与诊断见表 4-1-5。

电动真空助力系统检查与诊断步骤　　　　　　　　　表 4-1-5

序号	检查步骤	检查结果及操作方法		
1	检查熔断丝是否熔断	正常:进行下一步	不正常:熔断丝熔断	更换熔断丝
2	检查电动真空泵是否损坏	正常:进行下一步	不正常:电路有故障或电动真空泵损坏	检修电路或更换电动真空泵
3	检查真空罐是否漏气	正常:进行下一步	不正常:真空罐漏气	更换真空罐
4	正确检修操作后,检查故障是否出现	正常:诊断结束	不正常:故障未消失	从其他症状查找故障源

以下以北汽新能源纯电动汽车电动真空助力系统故障实例。

①故障现象:车辆行驶中,驾驶人踩制动踏板后偶尔出现故障,仪表显示制动故障灯亮、整车动力系统故障灯亮、停车后仪表故障灯熄灭。

②诊断思路:用诊断仪读取信息、检查与制动系统相关的部件和电路。

③故障诊断与排除:试车过程中此故障再现,用诊断仪读出故障码 P0784(制动系统真空泵压力故障),打开点火开关到 ON 挡位置,持续踩制动踏板真空泵开始工作,可以排除电路和控制器的故障;怀疑是真空度传感器故障或真空罐、真空管路系统漏气,通过用真空表检测真空度,在真空泵工作约 15s 真空度在 50kPa,关闭点火开关 20min 后,真空表显示真空度依然是 50kPa 此现象说明真空系统无漏气。新能源汽车电动真空泵设计标准,在正常大气压力的真空度最大强度为 70kPa。通过检测真空度的数据可以确定为真空泵达不到设计标准的真空强度,需更换真空泵,将故障排除。

④故障分析:此故障的特殊之处是:驾驶人踩制动踏板时,故障灯点亮,制动后,仪表故障灯熄灭,这说明故障不是由电路或部件完全损坏导致,而是由于条件不满足正常要求。通过查阅资料,真空度的正常值在 50~70kPa,当真空度小于 50kPa 时,真空泵工作。

2. 混合动力电动汽车制动系统结构原理与检修

以下以典型的丰田普锐斯混合动力汽车的 THS(再生制动)制动系统为例,介绍混合动力电动汽车的制动系统结构原理与检修。

丰田普锐斯混合动力电动汽车的 THS 制动系统属于 ECB(电子控制制动)系统。THS 制动系统可根据驾驶人踩制动踏板的程度和施加的力计算所需的制动力,然后系统施加需要的制动力(包括再生制动力和液压制动系统产生的制动力),并有效地吸收能量。

1) 混合动力电动汽车电子控制制动系统的主要组成部件

THS 制动系统组成如图 4-1-10 所示。

THS 制动系统的组成包括制动信号输入、电源和液压控制部分,取消了传统的真空助力器。正常制动时,主缸(总泵)产生的液压力换成液压信号,不直接作用在轮缸上,而是通过调整作用于轮缸制动执行器上液压源的液压,获得实际控制压力。

ECB ECU 和制动防滑控制 ECU 集成在一起,并和液压制动系统(包括带 EBD 的 ABS、制动助力和车辆稳定性控制 VSC)一起对制动进行综合控制。VSC 系统除了有正常制动控制功能外,还能根据车辆行驶情况来和 EPS 配合,提供转向助力以帮助驾驶人转向。

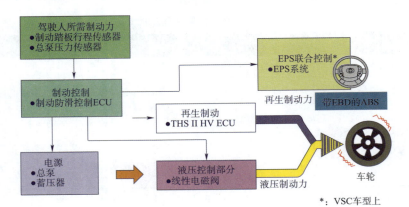

图 4-1-10　THS 制动系统组成

THS 系统采用电机牵引控制系统。该系统不但具有保护行星齿轮和电机的控制功能，而且能对滑动的车轮施加液压制动控制，把驱动轮的滑动减小到最低程度，并产生适合路面状况的驱动力。THS 系统制动系统的功能见表 4-1-6。

THS 系统制动系统的功能　　　　　　　　表 4-1-6

制动控制系统	功　　能	功能描述
ECB（电子控制制动系统）	VSC（车辆稳定性控制）	VSC 系统可以在车辆转向时，防止前轮或后轮急速滑动产生的车辆侧滑，其和 EPS ECU 联合控制，根据车辆的行驶条件提供转向助力
	ABS（防抱死制动系统）	制动过猛或在易滑路面制动时，ABS 能防止车轮抱死，保证车辆及人员安全
	EBD（电子制动力分配）	EBD 控制利用 ABS，根据行驶条件，在前分界线和后轮之间分配制动力。转向制动时，它还能控制左右车轮的制动力，以保持车辆平衡行驶
	再生制动联合控制	通过尽量使用 THS 系统的再生制动能力，控制液压制动来恢复电能
	制动助力	紧急制动时，如果制动踏板力不足，可以增大制动力；需要强大制动力时，增大制动力

ECB（电子控制制动）系统的主要部件有：制动踏板行程传感器、制动灯开关、行程模拟器、制动防滑控制 ECU、制动执行器、制动主缸以及备用电源装置。混合动力电动汽车的主要制动主要部件如图 4-1-11 所示。制动踏板行程传感器用于检测驾驶人踩下制动踏板的程度，并发送信号到制动防滑控制 ECU。

图 4-1-11　混合动力电动汽车制动系统的主要部件

混合动力制动系统的认知

（1）制动踏板行程传感器和制动灯开关。
制动踏板行程传感器和制动灯开关如图4-1-12所示。

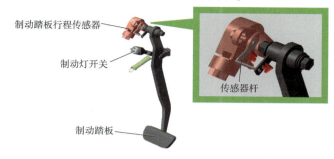

图4-1-12　制动踏板行程传感器

制动踏板行程传感器直接检测驾驶人踩下制动踏板的程度。此传感器包括触点式可变电阻器，它用于检测制动踏板行程踩下的程度并发送信号到制动防滑控制ECU，信号采用反向冗余设计。

制动灯开关的作用与传统燃油汽车相同，作为控制制动灯及制动踏板动作信号。

（2）行程模拟器。

行程模拟器如图4-1-13所示，制动时根据踏板力度产生踏板行程。行程模拟器位于主缸和制动执行器之间，它根据制动中驾驶人踏制动踏板的力产生踏板行程。行程模拟器包括弹簧系数不同的两种螺旋弹簧，具有对应于主缸压力两个阶段的踏板行程特征。

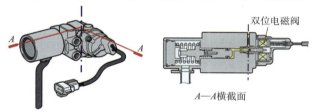

图4-1-13　行程模拟器

（3）制动防滑控制ECU。

汽车制动防滑控制系统就是对制动防抱死系统和驱动防滑系统的统称。制动防滑控制ECU处理各种传感器信号和再生制动信号，以控制再生制动联合控制、带EBD的ABS、VSC、制动助力和正常制动。根据各传感器信号来判断车辆行驶状况，并控制制动执行器。

（4）制动执行器。

制动执行器如图4-1-14所示，包含以下部分：

①液压源部分。由泵、泵电机、蓄能器、减压阀和蓄能器组成。液压源部分产生并存储压力，制动防滑控制ECU用于控制制动的液压。蓄能器压力传感器安装在制动执行器中。

②液压控制部分。包括2个主缸切断电磁阀、4个供压式电磁阀和4个减压电磁阀。

2个双位型主缸切断电磁阀由制动防滑控制ECU控

图4-1-14　制动执行器

制,作用是打开或关闭主缸和轮缸间的通道;4 个线性供压电磁阀和 4 个线性减压电磁阀由制动防滑控制 ECU 增减轮缸中的液压。

③主缸压力传感器和轮缸压力传感器都安装在制动执行器中。

(5)制动主缸。

传统燃油汽车制动主缸(总泵)上的真空助力器被取消,采用了电机液压助力。制动主缸仍采用双腔串联形式,一旦电机液压助力失效,制动主缸的前腔和后腔将分别对汽车的左前轮和右前轮进行制动,所以这个主缸也成为前轮制动主缸。

(6)备用电源装置。

如图 4-1-15 所示,备用电源装置用作备用电源以保证给制动系统稳定的供电,该装置包括 28 个电容器电池,用于储存车辆电源(12V)提供的电量。当车辆电源电压(12V)下降时,电容器电池中的电就会作为辅助电源向制动系统供电。关闭电源开关后,HV 系统停止工作时,存储在电容器电池中的电量放电。维修中电源开关关闭后,备用电源装置处于放电状态,但电容器中仍有一定的电压。在从车辆上拆下备用

图 4-1-15 备用电源装置

电源装置或将其打开从检查盒内部前,一定要检查剩余电压,如必要则使其放电。

2)混合动力电动汽车电子控制制动系统的工作原理

当点火开关打开后,ECB(电子控制制动)系统开始工作。驾驶人进行制动操作时,首先由电子踏板行程传感器探知驾驶人的制动意图(踏板速度和行程),把这一信息传给制动防滑控制 ECU。ECU 汇集轮速传感器、制动踏板行程传感器等各路信号。根据车辆行驶状态计算出每个车轮的最大制动力。再发出指令给执行器(电机)执行各车轮的制动。电机械制动器能快速而精确地提供车轮所需制动力,从而保证最佳的整车减速度和车辆制动效果。

电子控制制动系统的再生制动联合控制过程如下:

如图 4-1-16 所示,在车辆制动时,电机 MG2 起发电作用,与电机 MG2 转动方向相反的转动轴产生的阻力是再生制动力的来源。发电量(蓄电池充电量)越多,阻力也越大。

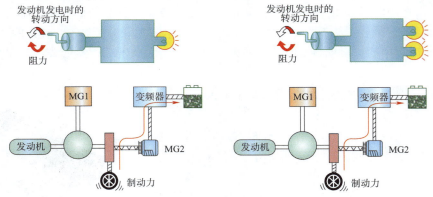

图 4-1-16 再生制动联合控制

驱动桥和电机 MG2 通过机械方式连接在一起,驱动轮带动电机 MG2 转动而发电,电机 MG2 产生的再生制动力就会传到驱动轮,这个力由控制发电的 THS 系统进行控制。

再生制动联合控制与传统制动方式最大的区别是,其并不单靠液压系统产生驾驶人所需的制动力,而是 THS 系统一起联合控制,提供再生制动的合制动力。这样控制能够最大限度减少正常液压制动的动能损失,并把这些动能转化为电能。

由于采用了 THS 系统,使 MG2 的输出功率得到了增加,THS 增大了再生制动力。另外,由于采用 ECB 系统,制动力得到了改善,从而有效地增加了再生制动的使用范围。这些提高了系统恢复电能的能力,从而提高了燃油经济性。

3)混合动力电动汽车制动能量回收系统介绍

制动能量回收,也称再生制动能量回收,是新能源(电动)汽车重要技术之一,也是电动汽车的重要特点。在传统燃油汽车上,当车辆减速、制动时,车辆的运动能量通过制动系统而转变为热能,并向大气中释放。而在电动汽车上,这种被浪费掉的运动能量已可通过制动能量回收技术转变为电能储存于动力蓄电池中,并进一步转化为驱动能量。例如,当车辆起步或加速时,需要增大驱动力时,电机驱动力成为发动机的辅助动力,使电能获得有效应用。如图 4-1-17 所示,制动能量回收系统工作时,车辆的仪表会显示相关的状态。

图 4-1-17 制动能量回收系统的仪表显示

(1)制动能量回收系统的原理。

一般情况下,在车辆非紧急制动的普通制动场合,约 1/5 的能量可以通过制动回收。制动能量回收的强度按照车辆运行的工作模式不同而有所差异。

混合动力电动汽车在发动机气门不停止工作的场合,减速时能够回收的能量约是车辆运动能量的 1/3。通过智能气门正时与升程控制系统使气门停止工作,发动机本身的机械摩擦(含泵气损失)能够减少约 70%。回收能量增加到车辆运动能量的 2/3。

制动能量回收系统包括与车型相适配的发电机、动力蓄电池以及可以监视电池电量的智能电池管理系统。制动能量回收系统回收车辆在制动或惯性滑行中释放出的多余能量,并通过发电机将其转化为电能,再储存在动力蓄电池中,用于之后的加速行驶。动力蓄电池还可为车内耗电设备供电,降低发动机油耗及排放。

混合动力电动汽车在车辆减速时,可以通过在发动机与电机之间设置离合器,使发动机停止输出功率而得以解决。但制动能量回收还涉及混合动力电动汽车的液压制动与制动能量回收的复杂平衡或条件优化的协调控制。那么,为什么通过驱动电机能够回收车辆的运动能量呢?概要地说,其原因就是电机工作的逆过程就是发电机工作状态。

电学基础理论阐明,电机驱动的工作原理是左手定则,而电机发电的工作原理则是右手定则。由于电机运转,线圈在阻碍磁通变化的方向上发生电动势。该方向与使电机旋转而流动的电流方向相反,称为逆电动势。逆电动势随着转速的增加而上升。由于转速增加,原来使电机旋转而流动的电流,其流动阻力增大,最后达到某一转速后,转速不再增加。当制动时,通过电机的电流被切断,代之而发生逆电动势。这就是使电机起发电机作用的制动能量回收原理。上述这种电机称为"电机发电机"。

但是,当制动能量回收制动实施时,应让制动踏板行程(或强度)与制动能量回收系统保持协调关系。这是因为起制动能量回收作用的制动部分,会引起减少行车制动的制动力。

因为对于行车制动来说,从制动能量回收中所起作用考虑,必须在减少行车制动的制动力方面做出相应措施。在制动力减少的同时,制动踏板的踏板力要求与踏板行程相对应。

(2)制动能量回收系统的能量回收模式。

根据车辆运行状况,制动能量回收系统的能量回收具备不同的模式。

①发动机关闭时滑行/制动状态下的能量回收模式。在发动机关闭时滑行/制动状态下的能量回收模式如图4-1-18所示,此时,发动机与电机离合器打开,电机/发电机离合器闭合,能量仅通过电机/发电机回收。

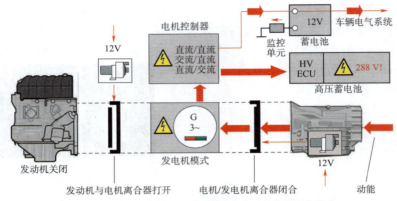

图4-1-18　发动机关闭时滑行/制动状态下的能量回收模式

②发动机倒拖时滑行/制动状态下的能量回收模式。在发动机倒拖时滑行/制动状态下的能量回收模式如图4-1-19所示,此时,发动机与电机离合器闭合,电机/发电机离合器闭合,能量除了通过电机/发电机回收外,一部分用于发动机制动(此时发动机切断燃油供给)。

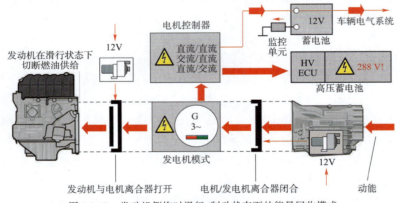

图4-1-19　发动机倒拖时滑行/制动状态下的能量回收模式

③发动机运转时滑行/制动状态下的能量回收模式。在发动机运转时滑行/制动状态下的能量回收模式如图4-1-20所示,此时,发动机离合器打开,电机/发电机离合器闭合,能量仅通过电机/发电机回收。

4)混合动力汽车制动控制系统的检修

以下以丰田普锐斯混合动力电动汽车为例,介绍典型的混合动力汽车制动系统的检修。

(1)检修时注意事项。

①当端子触点或者是零件安装出现故障时,对被怀疑零件的拆除和重新安装,可能使系

统完全或暂时恢复到正常状态。

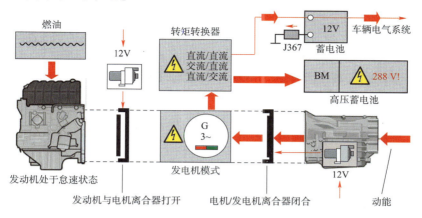

图 4-1-20　发动机运转时滑行/制动状态下的能量回收模式

②为了准确地判断故障部位,必须检查故障发生时的各种情况。例如 DTC(故障代码)输出和历史数据,并且在断开每一个连接器或安装拆除零件之前都要记录。

③因为该系统可受除制动控制系统外所有系统的影响,所以一定要检查其他系统中的 DTC。

④由于 VSC 或 ECB(电子控制制动)部分零件拆装后无法进行正确调整,包括转向传感器、偏移率传感器或制动踏板行程传感器等,因此,除非必要,否则不要对 VSC 或 ECB(电子控制制动)的零件进行拆装。

⑤在按照修理手册中的指示完成 VSC 或 ECB 系统的修理工作后和进行确认前,一定要做好相应的准备工作。

⑥除非在检查步骤中有专门规定,否则一定要在电源开关关闭的情况下拆装 ECU、执行器以及传感器。

⑦确保在拆装或者更换 VSC 或 ECB 零件之前拆下两个主继电器。

⑧执行器、制动总泵或行程模拟器的拆装以及其他步骤能够使液面下降到储液罐端口以下。如果在进行后续作业时发生这种情况,一定要拆除两个电机继电器,直到管路中的气体被完全排空。

提示:

- 当泵电机利用制动执行器软管中的空气来运转时,由于执行器中存在空气,使排空空气变得困难。
- 即使电源关闭,制动防滑控制 ECU 也可以操作行程模拟器,并驱动泵电动机。
- ECB 系统有自己的辅助电源,在从备用蓄电池(12V)上断开负极端子直到放电完成,这个系统都可以运行。
- 在电源开关关闭的情况下,制动操作完成后,制动防滑控制 ECU 仍能够工作 2min。

⑨主继电器和电机继电器的拆除,电源开关断开后,等待2min,在拆下两个继电器前,停止制动踏板操作,并关闭驾驶人侧车门。

⑩在拆装ECU、执行器和各传感器时,在安装所有零件后,一定要确认在进行测试模式检查和DTC输出检查时,输出正常显示。

⑪DTC注意事项。修理故障零件后并不能清除某些DTC的警告,如果在修理后仍显示警告,则应在电源开关关闭后清除DTC。

⑫安全保护功能。

a. 当制动控制系统发生故障时,制动防滑控制ECU点亮相应故障系统的警告灯(ECB、ABS、VSC+和BRAKE),并禁止ABS、VSC+和制动辅助系统操作。

b. 根据故障情况,除了故障部件之外,正常部件能继续ECB的控制。

如果4轮中的任一个ECB控制被禁止,这个轮就会失去制动助力功能或制动能力,此时,驾驶人踩下制动踏板时的感觉类似行程模拟器(踏板反作用力生成电磁阀)则禁止操作;如果所有轮的ECB控制被禁止,则2个前轮制动助力失去功能。

⑬鼓式测试仪注意事项。

a. 确保VSC警告灯在闪[转到TESRT MODE(测试模式)]。

b. 用锁链保证车辆的安全。

⑭CAN通信系统注意事项。

a. CAN通信系统用于制动防滑控制,ECU、转向传感器、偏移率传感器(包括减速传感器)和其他ECU之间的数据通信。如果CAN通信线路有故障,系统会输出通信线路相应的DTC。

b. 如果系统输出CAN通信线路的DTC,应首先修理通信线路的故障,数据通信正常后,还要对VSC+系统进行故障排除。

c. 由于CAN传输线路有规定的长度和路线,因此不能临时使用旁路接线来修理。

> 提示:
> 断开蓄电池负极(-)端子后,当重新连接端子时,电动窗控制系统将被初始化。

⑮激活混合动力系统应注意。

a. 警告灯亮起或蓄电池断开又重新连接,则初次按下电源开关可能无法启动该系统,应再次按下电源开关。

b. 打开电源开关(IG),断开蓄电池。如果在重新连接时钥匙不在钥匙孔内,则可能输出DTC B2799。

(2)制动控制系统测试模式步骤。

①警告灯和指示灯检查。

a. 松开驻车制动踏板。

b. 打开电源开关(READY),检查ABS警告灯、VSC警告灯、BRAKE警告灯、制动控制警告灯和SLIP指示灯点亮大约3s。警告灯和指示灯显示面板如图4-1-21所示。

图4-1-21　警告灯和指示灯显示面板

> 💡 提示：
>
> 如果指示灯检查结果异常，应对 ABS 警告灯电路、VSC 警告灯电路、BRAKE 警告灯电路、制动控制警告灯电路或 SLIP 指示灯电路进行故障排除。
>
> 如果指示灯始终点亮，应对 ABS 警告灯电路、VSC 警告灯电路，制动警告灯电路、制动控制警告灯电路和 SLIP 指示灯电路进行故障排除。

②测试模式检查传感器信号。

a. 将车辆设定在 TEST MODE（测试模式）下，检查减速传感器、制动总泵压力传感器、速度传感器和偏移率传感器的运行状况。

b. 检查仅在 TEST MODE（测试模式）下输出的 DTC 的结果。

> 💡 提示：
>
> 如果 ABS 警告灯和 VSC 警告灯不闪烁，则检查 ABS 警告灯电路和 VSC 警告灯电路。

（3）制动控制系统故障症状表

如果没有 DTC 输出但故障仍然存在，则依照表 4-1-7 的顺序依次检查各故障现象的电路。

制动控制系统故障症状表　　　　　表 4-1-7

故障现象	可能发生的故障部位
ABS 不工作； BA 不工作； EBD 不工作	（1）再次检查 DTC，确保输出正常代码； （2）检查 IG 电源电路和接地电路； （3）检查速度传感器电路； （4）使用智能测试仪Ⅱ检查制动执行器，用 ACTIVE TEST（动态测试）功能检查制动执行器操作，如果异常，则检查液压回路是否泄漏； （5）检查故障可能发生部位的上述电路，并证明正常后，如果症状仍然出现，则更换制动防滑控制 ECU
ABS 不能有效工作； BA 不能有效工作； EBD 不能有效工作	（1）再次检查 DTC 确保输出正常代码； （2）检查速度传感器电路； （3）检查制动控制警告灯开关电路； （4）使用智能测试仪Ⅱ检查制动执行器，如果异常，检查液压回路是否泄漏； （5）检查故障可能发生部位的上述电路，并证明正常后，如果症状仍然出现，则更换制动防滑控制 ECU
ABS 警告灯异常	（1）检查 ABS 警告灯电路； （2）检查制动防滑控制 ECU

续上表

故障现象	可能发生的故障部位
不能进行 ABS 的 DTC 检查	(1)再次检查 DTC 确保输出正常代码; (2)检查 TC 端子电路; (3)检查故障可能发生部位的上述电路,并证明正常后,如果症状仍然出现则更换制动防滑控制 ECU
不能进行传感器信号检查	(1)检查 TC 端子电路; (2)检查制动防滑控制 ECU
VSC 不工作	(1)再次检查 DTC 确保输出正常代码; (2)检查 IG 电源电路和接地电路; (3)检查液压回路是否泄漏; (4)检查速度传感器电路; (5)检查偏移率(减速)传感器电路; (6)检查转向传感器电路; (7)检查故障可能发生部位的上述电路,并证明正常后,如果症状仍然出现,则更换制动防滑控制 ECU
SLIP 指示灯异常	(1)检查 SLIP 指示灯电路; (2)检查制动防滑控制 ECU
不能进行 VSC 的 DTC 检查	(1)再次检查 DTC 确保输出正常代码; (2)检查 TC 端子电路; (3)检查故障可能发生部位的上述电路,并证明正常后,如果症状仍然出现,则更换制动防滑控制 ECU
VSC 警告灯异常	(1)再次检查 DTC 确保输出正常代码; (2)检查 VSC 警告电路; (3)检查故障可能发生部位的上述电路,并证明正常后,如果症状仍然出现则更换制动防滑控制 ECU
制动控制警告灯异常	(1)再次检查 DTC 确保输出正常代码; (2)检查制动控制警告电路灯; (3)检查故障可能发生部位的上述电路,并证明正常后,如果症状仍然出现,则更换制动防滑控制 ECU

任务实施

(一)工作准备

(1)防护装备:常规实训着装。

(2)车辆、台架、总成:新能源汽车制动系统示教板;北汽新能源纯电动汽车,丰田普锐斯混合动力电动汽车或其他同类新能源汽车。

(3)专用工具、设备:汽车举升机,故障诊断仪,真空表,制动系统空气排放设备。

(4)手工工具:组合工具。
(5)辅助材料:制动液。

(二)实施步骤

根据实训室的车辆配置,识别纯电动汽车和混合动力电动汽车的制动系统部件,查找制动系统新增部件的位置,并讲解控制原理;对纯电动汽车和混合动力电动汽车的制动系统进行测试、调整及检修。

1. 新能源汽车制动系统部件识别

1)纯电动汽车制动系统的部件识别

参照"相关知识"的内容,在车辆中查找到以下纯电动汽车制动系统相关部件。

(1)真空泵。
(2)真空罐。
(3)真空压力传感器。
(4)真空泵控制器(或整车控制器 VCU)。

2)混合动力电动汽车制动系统的部件识别

在车辆中查找到以下混合动力电动汽车制动系统相关部件。

(1)制动踏板行程传感器。
(2)制动灯开关。
(3)行程模拟器。
(4)制动防滑控制 ECU。
(5)制动执行器。
(6)制动主缸(总泵)。
(7)备用电源装置。

2. 纯电动汽车制动系统电动真空助力系统拆装

 警告:

严禁未参加该车型系统知识培训的维修人员拆卸或安装该车辆部件,避免发生高压触电危险。

1)电动真空助力系统拆卸
(1)关闭点火开关,拔出车辆钥匙。
(2)打开前机舱盖,铺设翼子板护垫。
(3)断开低压蓄电池负极,用绝缘胶带包裹,防止意外虚接。
(4)举升车辆。
(5)拆下前机舱下护板。
(6)断开真空罐连接软管,如图 4-1-22 所示。
(7)断开真空泵连接软管,如图 4-1-23 所示。

北汽 EV160 真空助力
制动系统拆卸步骤

图4-1-22　断开真空罐连接软管

图4-1-23　断开真空泵连接软管

（8）断开真空泵连接器，如图4-1-24所示。

（9）拆下真空泵支架与差速器固定的3个螺栓，如图4-1-25所示。

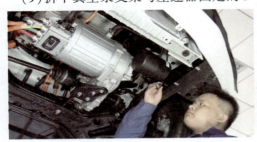

图4-1-24　断开真空泵连接器

图4-1-25　拆卸真空泵固定螺栓

（10）取下真空泵与真空罐组件，如图4-1-26所示。

图4-1-26　取下真空泵与真空罐组件

2）电动真空助力系统安装

以北汽EV160纯电动汽车为例。

> 提示：
>
> 按拆卸的相反顺序安装。

（1）安装真空泵与真空罐组件，并紧固3个螺栓，如图4-1-27所示。

（2）安装真空罐连接软管。

（3）安装真空泵连接软管。

（4）安装真空泵连接器。

（5）安装前机舱下护板，如图4-1-28所示。

图 4-1-27　紧固真空泵与真空罐组件固定螺栓

图 4-1-28　安装下护板

(6) 降下车辆。

(7) 安装低压蓄电池负极。

(8) 打开点火开关,踩踏制动踏板测试助力效果,应具有真空助力,否则应检查安装是否正确。

(9) 连接诊断仪,读取并清除故障码。

(10) 安装完成,场地清洁及整理工具。

3. 纯电动汽车制动电动真空助力系统测试

以北汽 EV160 纯电动汽车为例,介绍纯电动汽车制动电动真空助力系统的真空压力(真空度)及真空泵测试。

1) 电动真空助力系统真空压力测试

(1) 拔下真空泵真空管,如图 4-1-29 所示。

(2) 用三通管连接真空表。

(3) 起动车辆进行真空泵真空保压测试,若真空压力在 5s 达不到 55~60kPa 则说明真空罐漏气,应更换真空罐,如图 4-1-30 所示。

图 4-1-29　拔下真空泵真空管

图 4-1-30　连接真空表并测试真空压力

(4) 观察真空表的读数,以 2s 每次的频率踩制动踏板,检查真空泵运转时的情况,如图 4-1-31 所示。

(5) 关闭点火开关,进行熄火状态下真空保压测试,观察真空表指针有无移动,如果移动,则表明电动真空助力系统管路有泄漏。

(6) 拆下真空表和三通管。

(7) 复原真空管连接位置。

图 4-1-31　观察真空表的读数

2）电控真空助力系统真空泵测试

> ⚠ 警告：
> 在真空泵的测试中，请使用指定电压的电源或蓄电池进行操作，严禁长时间空转，严禁堵塞进气口，避免损坏部件或发生危险。

> 💡 提示：
> 请提前拆卸真空泵。

（1）将真空泵电气连接器连接导线与12V蓄电池连接，如图4-1-32所示。
（2）若真空泵运转并从管口感受到吸气的吸力，则说明无故障，如图4-1-33所示。

图4-1-32　连接真空泵测试电路

图4-1-33　通电测试真空泵是否运转

（3）若真空泵不运转或没有真空吸力，则说明真空泵有故障，需更换。

4. 混合动力电动汽车制动管路放气、传感器更换与调整

以下以丰田普锐斯混合动力电动汽车为例，介绍混合动力电动汽车制动管路放气、传感器更换与调整步骤，其他车型参照维修手册及相关技术资料。

> ⚠ 警告：
> （1）禁止未参加该车型系统知识培训的维修人员进行制动液更换等操作，以免损伤车辆。在操作时应小心添加制动液，以保证它的液位处于储液罐的最小与最大指示线之间，在添加制动液之后，严禁将制动液遗留在发动机舱内，防止发生侧翻。
> （2）放气时，由于蓄能器压力下降，蜂鸣器可能鸣叫，这属于正常情况。
> （3）放气时，1号、2号电机继电器故障和压力传感器故障将被储存，所以请在制动液更换完毕之后，按指示清除故障码。

1）丰田普锐斯混合动力电动汽车制动管路放气
（1）将挡位调至P挡，并踩下制动踏板。
（2）关闭点火（电源）开关，将诊断仪与车辆连接。

(3)打开车辆点火开关,打开诊断仪。
(4)选择诊断仪上的"与车辆连接",进入诊断系统。
(5)选择制动系统。
(6)选择工具按钮。
(7)选择"放气",如图 4-1-34 所示。

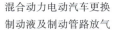
混合动力电动汽车更换制动液及制动管路放气

(8)再次检查初始条件,车辆已停止、驻车制动已拉上、点火开关位于 ON 状态,如图 4-1-35 所示。

图 4-1-34　进入制动系统,选择"放气"

图 4-1-35　根据仪器提示,检查初始条件

(9)选择通常放气,选择所需管线,选择右前管线,如图 4-1-36 所示。
(10)关闭点火开关。
(11)找出前机舱熔断丝盒内的 1 号、2 号防抱死制动系统电机继电器,并拔出,如图 4-1-37、图 4-1-38 所示。

图 4-1-36　选择通常放气和所需管线

图 4-1-37　前机舱熔断丝盒内的熔断丝和继电器

(12)打开点火开关之后,返回诊断仪继续操作。
(13)取下右前轮防尘帽,将塑料乙烯管连接到右前车轮放气塞上,如图 4-1-39 所示。

图 4-1-38　拔出防抱死制动系统电机继电器

图 4-1-39　将塑料乙烯管连接到右前车轮放气塞上

(14)踩下制动踏板若干次后,保持踏板踩下的状态,松开放气塞。

(15)当制动液停止流出时,拧紧放气塞,如图 4-1-40 所示。
(16)重复前面的放气过程直至制动液中的空气被完全排放。
(17)用指定力矩拧紧放气塞。
(18)用棉丝擦拭放气塞表面制动液,盖紧防尘帽,如图 4-1-41 所示。

图 4-1-40　拧紧放气阀　　　　　　　图 4-1-41　盖紧放气塞防尘帽

(19)返回诊断仪继续操作,根据以上步骤及诊断仪提示,依次排放左前、右后、左后车轮制动管路的空气。
(20)完成四条管路放气之后点击退出,返回主菜单,如图 4-1-42 所示。

图 4-1-42　诊断仪退出界面

(21)关闭点火开关。
(22)打开制动液壶盖补充制动液至上限。
(23)安装防抱死制动系统电机 1 号、2 号继电器。
(24)打开点火开关。
(25)使用诊断仪清除制动系统故障码,确认不再存在故障码。
(26)检查四轮防尘帽有无泄漏。
(27)降落车辆。
(28)制动系统放气完成。

2)丰田普锐斯混合动力电动汽车制动踏板行程传感器更换

(1)铺设脚垫,铺设转向盘套,铺设驾驶座套。
(2)拆下仪表板下饰板总成。
(3)拆下主驾驶左侧通风口总成。
(4)断开仪表板调节器、EV 模式线束连接器。
(5)拆下前机舱盖拉手开关。
(6)断开点火开关连接器,如图 4-1-43 所示。
(7)断开制动踏板行程传感器连接器,如图 4-1-44 所示。
(8)拆下 2 个螺栓,取下制动踏板行程传感器,如图 4-1-45 所示。
(9)将新的制动踏板行程传感器贴紧在紧固口,用 2 个螺栓将传感器进行紧固,但需留出活动量,连接传感器连接器,如图 4-1-46 所示。
(10)连接诊断仪器,进入诊断仪连接车辆,进入制动菜单,进入数据列表菜单。

图 4-1-43　断开点火开关连接器

图 4-1-44　断开制动踏板行程传感器连接器

图 4-1-45　拆下制动踏板行程传感器

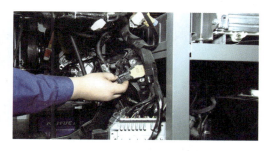

图 4-1-46　安装新的制动踏板行程传感器

（11）此处传感器标准值应该是 0.8~1.2 之间,如果大于或小于标准值则需要手动调节传感器,直至符合标准值,如图 4-1-47 所示。

（12）用手调节传感器,并注意观察诊断仪数据的变化,调节完毕后紧固传感器,如图 4-1-48 所示。

图 4-1-47　制动踏板传感器标准数值

图 4-1-48　调节制动踏板行程传感器

（13）返回诊断仪,进入工具菜单,进入重置记忆,进行学习值初始化,如图 4-1-49 所示。

图 4-1-49　进行传感器学习值初始化

> **注意：**
> 此环节请根据诊断仪提示操作，首先关闭点火开关，等待3s之后，再次打开点火开关。

（14）安装前机舱盖拉手。

（15）安装点火开关及其他拆下的线束连接器。

（16）安装仪表板下饰板总成，并紧固螺钉。

（17）安装主驾驶侧通风口总成。

（18）反复踩踏制动踏板，使行程传感器学习新的自由行程。

> **提示：**
> 如需要进行制动踏板自由行程及制动踏板行程(位置)传感器，请参照维修手册及诊断仪提示进行。

学习测试

1. 填空题

（1）新能源汽车制动系统与传统燃油汽车制动系统主要不同方面是新能源汽车在传统燃油汽车液压制动系统基础上增加了_____系统或直接采用_____系统，以及采用_____模式。

（2）电动真空助力系统由_____、真空罐、_____以及与传统燃油汽车相同的真空助力器、12V电源组成。

（3）ECB电子控制制动系统的主要部件有：_____、制动灯开关、_____、制动防滑控制ECU、_____、制动主缸以及_____。

（4）电机驱动的工作原理是_____定则，而电机发电的工作原理则是_____定则。

（5）电子制动控制系统维修时，在拆装 ECU、执行器和各传感器时，在安装所有零件后，一定要确认在进行_____和_____输出正常显示。

2. 判断题

（1）纯电动汽车制动通常需要单独设计一个电动真空泵来为真空助力器提供真空源。（　　）

（2）真空泵控制器根据制动踏板位置传感器发送的信号控制真空泵工作。（　　）

（3）制动能量回收系统可以完全回收制动的能量损耗。（　　）

（4）混合动力电动汽车在车辆减速时，可以通过在发动机与电机之间设置离合器，使发动机停止输出功率而得以解决。（　　）

(5)电动真空助力系统出现故障,制动系统就无法工作。　　　　　　(　　)

3.单项选择题

(1)电动真空助力系统的真空泵采用的形式是(　　)。
　　A.液压真空泵　　　B.手动真空泵　　　C.电动真空泵　　　D.气动真空泵
(2)丰田再生制动联合控制系统,在制动时,起到发电作用的是(　　)
　　A.MG1　　　　　　B.MG2　　　　　　C.变频器　　　　　D.蓄电池
(3)在发动机倒拖时滑行/制动状态下的能量回收模式时,以下说法正确的是(　　)
　　A.发动机离合器打开,电机/发电机离合器闭合
　　B.发动机离合器闭合,电机/发电机离合器打开
　　C.发动机离合器闭合,电机/发电机离合器闭合
　　D.发动机离合器打开,电机/发电机离合器打开
(4)制动系统电动真空泵工作时,若8s后真空仍未恢复到55kPa以上,(　　)会给驱动电机控制器MCU发送信号,让车辆限速9km/h。
　　A.车身控制模块BCM　　　　　　　　B.组合仪表
　　C.ABS控制器　　　　　　　　　　　D.整车控制器VCU
(5)从电动真空助力系统电路图可以看出,真空罐压力传感器的信号发送到(　　)。
　　A.真空泵控制器　　B.VCU　　　　　C.A和B都有　　　D.A和B都没有

任务2　新能源汽车电动转向系统结构原理与检修

一辆荣威E50纯电动汽车,客户反映转向沉重,你的主管判断是电动转向控制器故障,需要对其进行更换,你能完成这个任务吗?

● **知识要求**

1.能够描述电动转向系统的作用与类型;
2.能够描述电动转向系统的结构组成与工作原理;
3.能够描述电动转向系统的检修方法。

能力要求

1. 能够正确分析并排除电动转向系统的常见故障；
2. 能够更换电动转向系统控制器。

素质要求

1. 培养良好的职业道德和工匠精神；
2. 培养安全意识和团队协作精神；
3. 培养自我管理和自主学习能力。

相关知识

1. 电动助力转向系统的作用与类型

转向系统是指由驾驶人操纵，能实现转向轮偏转和回位的一套机构，能按照驾驶人的意图改变汽车的行驶方向和保持汽车稳定的直线行驶。

转向系统按有无助力可分为机械转向系和助力（动力）转向系两大类。

电动转向系统也称电动助力转向系统，是利用发动机动能或蓄电池电能，经空气压缩机或电机，转换为液体压力、气体压力或电机输出的机械能，从而增加驾驶人操控转向轮的力。助力转向系统根据传力介质的不同，可分为液压助力转向、气压助力转向和电动助力转向三大类。以下只介绍电动助力转向系统（EPS）。

新能源汽车电动转向系统与传统燃油汽车的电动转向系统基本相同。由于纯电动汽车取消了发动机，不能通过发动机驱动液压助力油泵的方式来实现液压助力。因此，大多数纯电动汽车采用电动转向系统，即在原机械转向系统基础上安装一个电机，作为转向的辅助动力。

如图 4-2-1 所示，电动转向系统根据助力电机安装位置的不同，分为转向轴助力式、齿轮助力式、齿条助力式 3 种类型。转向轴助力式 EPS 的电机固定在转向轴一侧，通过减速机构与转向轴相连，直接驱动转向轴助力转向。齿轮助力式 EPS 的电机和减速机构与小齿轮相连，直接驱动齿轮助力转向。齿条助力式 EPS 的电机和减速机构则直接驱动齿条提供助力。

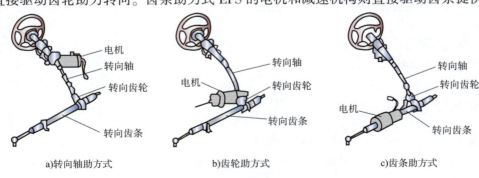

图 4-2-1 电动转向系统类型

2. 电动转向系统的结构组成和工作原理

电动转向系统的结构组成和工作原理如图 4-2-2 及动画所示。

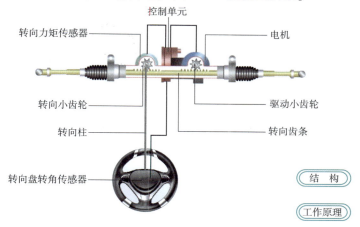

图 4-2-2 电动转向系统的结构组成和工作原理动画界面

如图 4-2-3 所示,电动转向系统由转向机(含转向轴柱和减速机构等)、电机、转矩传感器、EPS 控制器及线束等部件组成。EPS 控制器根据各传感器输出的信号计算所需转向助力,并通过功率放大模块控制助力电机的转动,电机的输出经过减速机构减速增扭后,驱动齿轮齿条机构产生相应的转向助力。

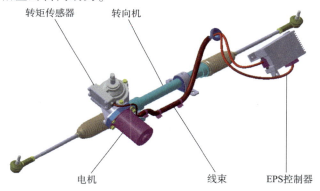

图 4-2-3 电动转向系统组成

1)转向机、转向柱轴、减速机构

电动转向系统的转向机与传统机械转向相同,在转动转向盘的同时,帮助驾驶人用力,以减轻驾驶人转向时的用力程度,达到驾驶人驾驶时轻松、方便的目的。

如图 4-2-4a)所示。电机、减速机构和转矩传感器都安装在转向柱轴上,转矩传感器为感应式电阻传感器。减速机构通过蜗杆和涡轮降低直流电机的转速并将之传送到转向柱轴,蜗杆由滚珠轴承支承以减小噪声和摩擦。

2)电机

EPS 系统采用的电机为小型直流电机,因此也称 DC 电机,根据 EPS 控制器的信号产生转向助力。

如图 4-2-4b)所示。电机包括转子、定子和电机轴,电机产生的转矩通过联轴器传到蜗杆,转矩又通过涡轮传送到转向柱轴。

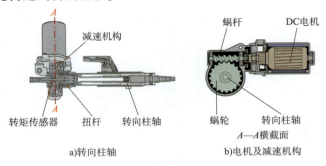

图 4-2-4 转向柱轴和电机及减速机构

3）转矩传感器

转矩传感器检测扭力杠杆的扭曲程度,转换为电信号来计算扭力杆上的转矩,并将信号传输给 EPS 控制器。

在输入轴上安装有检测环 1 和检测环 2,而检测环 3 安装在输出轴上,输入轴和输出轴通过扭力杆连接在一起,检测线圈和校正线圈位于各检测环外侧,不经接触可形成励磁电路。检测误差 1 和检测误差 2 的功能是校正温度误差,它们可以检测校正圈中的温度变化,并校正温度变化引起的误差。

检测线圈通过对偶电路可以输出 2 个信号 VT1（转矩传感器信号 1）和 VT2（转矩传感器信号 2）。ECU 根据这两个信号控制助力大小,同时检测传感器故障。

（1）直线行驶时。

如果车辆直线行驶且驾驶人没有转动转向盘,则 ECU 会检测出的转向盘位置,不向 EPS 电动机供电。

（2）转向时。

驾驶人向左或向右转动转向盘时,扭力杆的扭曲就会在检测环 2 和检测环 3 之间产生相对位移,检测环可以把这个变化转换为两个电信号 VT1 和 VT2,并发送到 EPS 控制器。转向盘左转时,输出一个比自由位置输出电压与助车转矩关系如图 4-2-5 所示,输出电压低的电压,这样,就可以根据转向助力检测到转向方向,转向助力由输出值的量级决定。

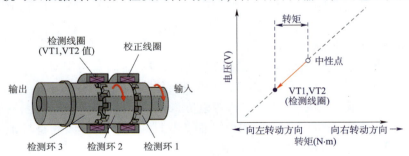

图 4-2-5 转矩传感器（左）输出电压与助力转矩关系（右）

4）EPS 控制器

EPS 控制器根据各传感器（包括车速传感器）发出的信号,控制转向柱上的电机运转,提供转向助力。电动转向系统控制如图 4-2-6 所示。

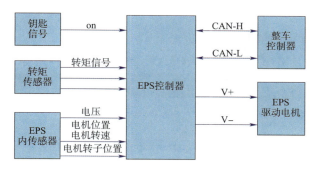

图 4-2-6　电动转向系统控制框图

（1）当整车处于制动下电状态，EPS 控制器不工作（EPS 控制器不进行自检、不与整车控制器 VCU 通信、EPS 电机不工作）；当点火开关处于 ON 挡，ON 挡继电器吸合后 EPS 开始工作。

（2）EPS 正常工作时，EPS 控制器根据接收来自整车控制器 VCU 的车速信号、唤醒信号及来自转矩传感器的转矩信号和 EPS 电机的位置、转速、转子位置、电流、电压信号等进行综合判断，以控制 EPS 电动机的转矩、转速和方向。

（3）转向控制器在上电 200ms 内完成自检，上电 200ms 后可以与 CAN 线交互信息，上电 300ms 后输出转向故障和转向状态信息，上电 1200ms 后输出控制系统版本信息。

（4）当 EPS 检测到故障时，通过 CAN 总线向 VCU 发送故障信息，并采取相应的处理措施。

3. 电动转向系统检修

1）转向力的检查

转向力的检查有助于判断电动转向系统的工作情况。

（1）车辆停放在水平路面上，转向盘放置在平直向前位置。

（2）检查轮胎充气压力是否符合规定的要求。

（3）起动车辆。

（4）通过相切方向勾住转向盘上的弹簧秤测量转向力。

电动转向系统转向力标准：至少 35N。

2）操作注意事项

（1）当处理电子部件时。

①避免撞击电子部件，如 EPS 控制器和 EPS 电机。如果这些部件跌落或遭受严重撞击，则应该换新。

②不要将任何电子部件暴露在高温或者潮湿的环境中。

③不要触碰连接器端子，以防变形或者因静电引起的故障。

（2）当处理机械总成时。

①避免撞击转向管柱或者转向机总成，特别是电机或者转矩传感器，如果这些部件遭受严重撞击，则应换新。

②当移动管柱或者转向机总成时，不要提拉线束。

（3）当断开或重新连接连接器时。

必须确认点火开关置于 OFF 位置。

3）故障诊断

电动转向系统常见故障及排除方法见表4-2-1。

电动转向系统常见的故障现象、故障原因及排除方法表　　　　表4-2-1

故障现象	可能的原因	排除方法
转向沉重	接插件未插好	插好接插件
	线束接触不良或破损	更换线束
	转向盘安装不正确（扭曲）	正确安装转向盘
	转矩传感器性能不良	更换转向器
	转向器故障	更换转向器
	电动机转速传感器故障	更换电机转速传感器
	车速传感器性能不良	更换车速传感器
	主熔断丝和线路熔断丝烧坏	更换熔断丝
	EPS控制器故障	更换EPS控制器
在直行时车辆总是偏向一侧	转矩传感器性能不良	更换转向器
转向力不平顺	转矩传感器性能不良	更换转向器

> 提示：
> 务必首先排除非电动转向系统的原因，如四轮定位、悬架、轮胎等。

任务实施

（一）工作准备

（1）防护装备：绝缘防护装备。

（2）车辆、台架、总成：荣威E50纯电动汽车；北汽新能源纯电动汽车或其他新能源汽车。

（3）专用工具、设备：举升机。

（4）手工工具：组合工具，仪表板拆装工具。

（5）辅助材料：无。

（二）实施步骤

根据实训室的车辆配置，对电动转向系统的控制器进行拆装。

1. 电动转向系统的常见故障分析并排除

根据"相关知识"学习的内容,讨论并分析电动转向系统常见的故障现象、故障原因及排除方法。

2. 电动转向系统控制器更换

以下以荣威 E50 纯电动汽车为例,介绍新能源汽车 EPS 控制器的更换步骤。

1) EPS 控制器的拆卸

（1）确保车轮处于正前方方向。

（2）从点火开关上拔下钥匙。

（3）打开前机舱盖,铺设翼子板护垫。

（4）断开低压蓄电池负极连接,将蓄电池负极用绝缘胶带包裹好,防止线束搭铁。

 警告:

在断开蓄电池负极后,需等待 10min 左右才可以继续安全气囊的拆装作业,因为安全气囊后备电路放电也需要一定的时间,以避免发生危险。

（5）用内饰拆装工具打开中控台饰板。

（6）拆下中控台底部的螺钉。

（7）取出杯托底部的螺钉。

（8）取出扶手箱盖。

（9）检查绝缘手套是否漏气,佩戴绝缘手套。

（10）拆下手动维修开关。

 警告:

正常情况下,在拆除手动维修开关后,高压系统还存在高压电,这是因为电机控制器中存在高压电容,需要经过一段时间的等待,高压电容中的电,才能被完全释放。

（11）拆下两侧气囊模块固定在转向盘的螺钉,如图 4-2-7 所示。

（12）从气囊模块上断开连接器,如图 4-2-8 所示。

图 4-2-7　拆下气囊模块固定在转向盘的螺钉

图 4-2-8　从气囊模块上断开连接器

(13) 取出安全气囊模块，如图 4-2-9 所示。
(14) 断开转向盘开关线束的连接器，如图 4-2-10 所示。

图 4-2-9　取出安全气囊模块

图 4-2-10　断开转向盘开关线束连接器

(15) 在转向管柱轴和螺母上做好标记，如图 4-2-11 所示。
(16) 用 21 号套筒松开转向盘固定螺母，如图 4-2-12 所示。

图 4-2-11　在转向管柱轴和螺母上做好标记

图 4-2-12　松开转向盘固定螺母

(17) 取下转向盘总成，如图 4-2-13 所示。
(18) 拆卸护罩固定到转向管柱上的 3 个螺钉，如图 4-2-14 所示。

图 4-2-13　取下转向盘总成

图 4-2-14　拆下护罩固定螺钉

(19) 拆下转向管柱下护罩，如图 4-2-15 所示。
(20) 拆下将组合仪表饰框上的 2 个螺钉，如图 4-2-16 所示。

图 4-2-15　拆下转向管柱下护罩

图 4-2-16　拆下组合仪表饰框上螺钉

(21)取下仪表框护罩,如图4-2-17所示。
(22)拆下仪表护罩螺钉,并取下仪表护罩,如图4-2-18所示。

图4-2-17 取下仪表框护罩

图4-2-18 取下仪表护罩

(23)断开转向管柱周围的组合开关连接器,如图4-2-19所示。
(24)拆下转向管柱上的4个螺钉,如图4-2-20所示。

图4-2-19 断开组合开关连接器

图4-2-20 拆下转向管柱上的螺钉

(25)从转向管柱上拆下组合开关,如图4-2-21所示。
(26)拆下驾驶人侧仪表板安装护盖,如图4-2-22所示。

图4-2-21 拆下组合开关

图4-2-22 拆下仪表板安装护盖

(27)拆下封闭面板固定到仪表板总成上的3个螺钉,如图4-2-23所示。
(28)断开2个连接器,取下驾驶人侧封闭面板总成,如图4-2-24所示。

图4-2-23 拆下封闭面板固定螺钉

图4-2-24 断开连接器,取下封闭面板总成

(29)断开转向管柱助力电机的连接器,如图 4-2-25 所示。

(30)断开将线束固定到转向管柱上的卡钉,在转向管柱万向节输入轴做好标记,如图 4-2-26 所示。

图 4-2-25　断开助力电机连接器

图 4-2-26　断开卡钉并做标记

(31)拆下将转向管柱固定在动力转向机上的螺栓,并废弃,如图 4-2-27 所示。

(32)拆下将转向管柱固定在仪表板横梁上的 4 个螺栓,如图 4-2-28 所示。

图 4-2-27　拆下将转向管柱固定在转向机的螺栓

图 4-2-28　拆下将转向管柱固定在横梁的螺栓

(33)取出转向管柱(含 EPS 控制器)总成,如图 4-2-29 所示。

图 4-2-29　取出转向管柱总成

2)EPS 控制器的安装

> 提示:
>
> 根据拆卸的相反步骤安装。

(1)固定转向管柱(含 EPS 控制器)总成螺栓,如图 4-2-30 所示。

(2)调整转向管柱万向节位置,如图 4-2-31 所示。

图 4-2-30　固定转向管柱总成螺栓　　　　　图 4-2-31　调整转向管柱万向节位置

(3) 安装转向管柱固定螺栓, 如图 4-2-32 所示。

(4) 紧固转向管柱螺栓, 扭矩为 22N·m。

(5) 连接转向管柱助力电机的连接器。

(6) 连接 EPS 控制器连接器。

(7) 连接转向管柱助力电机连接器, 如图 4-2-33 所示。

图 4-2-32　安装转向管柱固定螺栓　　　　　图 4-2-33　连接电机连接器

(8) 将转向柱拨杆组合开关固定到转向管柱上。

(9) 安装 4 个固定螺钉, 力矩为 4~5.5N·m。

(10) 连接组合开关周围的连接器。

(11) 安装前照灯调节连接器。

(12) 安装后视镜调节连接器。

(13) 安装驾驶人侧封闭面板总成。

(14) 装上 3 个驾驶人侧封闭面板螺钉, 紧固力矩为 1.3~2.3N·m。

(15) 安装仪表板侧护盖。

(16) 安装组合仪表饰框, 紧固螺栓力矩 1.3~2.3N·m。

(17) 安装组合仪表上盖总成, 紧固螺栓力矩 1.3~2.3N·m。

(18) 安装转向管柱下护罩, 紧固螺栓力矩 1.3~2.3N·m。

(19) 安装转向盘。

(20) 对准转向盘管柱轴端的标记。

(21) 安装转向盘固定螺母, 紧固螺栓力矩 40~60N·m, 并检查紧固力矩, 如图 4-2-34 所示。

(22) 连接转向盘开关线束的连接器, 如图 4-2-35 所示。

(23) 连接驾驶人安全气囊模块连接器。

图 4-2-34　安装并紧固转向盘固定螺母

图 4-2-35　连接转向盘开关线束的连接器

（24）固定安全气囊两侧螺栓，紧固螺栓力矩 10~15N·m，如图 4-2-36 所示。

（25）安装手动维修开关。

（26）安装扶手箱。

（27）紧固扶手箱前端螺栓，紧固螺栓力矩 6~8N·m。

（28）紧固扶手箱后端螺栓，紧固螺栓力矩 4~6N·m。

（29）连接低压蓄电池的负极，如图 4-2-37 所示。

图 4-2-36　固定安全气囊两侧螺栓

图 4-2-37　连接蓄电池负极

（30）起动车辆，观察仪表是否异常显示。

（31）检查左转向系统、检查右转向系统、检查刮水器系统、检查灯光系统、检查喇叭。

（32）安装完成，必要时试车确认电动转向系统工作情况。

学习测试

1. 填空题

（1）助力转向系统根据传力介质的不同，可分为_____助力转向、_____助力转向和_____助力转向 3 大类。

（2）电动助力转向系统由转向机、电机、_____、_____及线束等部件组成。

（3）转矩传感器用于检测_____的扭曲程度，并把它转化为电信号。

（4）当 EPS 检测到故障时，通过_____向 VCU 发送故障信息，并采取相应的处理措施。

（5）EPS 正常工作时，EPS 控制器根据接收来自 VCU 的_____、唤醒信号及来自转矩传感器的转矩信号和 EPS 助力电机的信号等进行综合判断，以控制 EPS 助力电机的

_____、转速和方向。

2. 判断题

（1）新能源汽车电动转向系统与传统燃油汽车的电动转向系统基本相同。（　）

（2）EPS 电机为小型交流电机。（　）

（3）当整车处于停车下电状态，EPS 系统不工作。（　）

（4）电动转向系统的转向力越大越好。（　）

（5）转向沉重时，一定是 EPS 控制器发生故障。（　）

3. 单项选择题

（1）以下不是电动助力转向系统类型的是（　）。
　　A. 转向轴助力式　　B. 液压泵助力式　　C. 齿轮助力式　　D. 齿条助力式

（2）EPS 系统的电机类型是（　）。
　　A. 小型直流电机　　　　　　　　B. 大型直流电机
　　C. 小型交流电机　　　　　　　　D. 大型交流电机

（3）EPS 控制器根据接收的车速信号、唤醒信号来自（　）。
　　A. 动力蓄电池管理系统 BMS　　　B. 驱动电机控制器 MCU
　　C. 整车控制器 VCU　　　　　　　D. ABS 控制 ECU

（4）车辆转向沉重可能是由于（　）
　　A. 接插件未插好　　　　　　　　B. 电机转速传感器故障
　　C. EPS 控制器故障　　　　　　　D. 以上都是

（5）车辆在直行时车总是偏向一侧，不可能的原因是（　）
　　A. 转矩传感器性能不良　　　　　B. 轮胎气压错误
　　C. 悬架不良　　　　　　　　　　D. EPS 熔断丝断路

项目五

新能源汽车其他辅助系统结构原理与检修

> 本项目主要学习新能源汽车车载局域网络系统结构原理与检修,以及车载互联网系统认知与应用,分为 2 个任务:
> 任务 1　新能源汽车车载局域网络系统结构原理与检修;
> 任务 2　新能源汽车车载互联网系统认知与应用。
> 通过 2 个任务学习,掌握新能源汽车车载局域网络系统的结构组成、工作原理及检修方法,以及了解新能源汽车车载互联网系统的结构原理和在车辆上的应用。

任务 1　新能源汽车车载局域网络系统结构原理与检修

提出任务

对一辆北汽新能源纯电动汽车采用诊断仪读取故障码,发现诊断仪不能与车辆所有的控制模块通信,你知道问题出在哪里吗?

任务要求

知识要求

1. 能够描述车载局域网络系统的基本知识;
2. 能够描述 CAN 总线的结构组成与信息传输原理;

3. 能够描述车载局域网络系统在新能源汽车上的应用;
4. 能够描述车载局域网络系统的检修方法。

能力要求

1. 能识读车载局域网络 CAN 系统的拓扑图;
2. 能进行诊断座 CAN 终端电阻进行测量。

素质要求

1. 培养良好的职业道德和工匠精神;
2. 培养安全意识和团队协作精神;
3. 培养自我管理和自主学习能力。

相关知识

1. 车载局域网络系统概述

1) CAN 总线系统的作用及优点

随着汽车技术的不断发展,智能化程度也不断提升。与此同时,汽车上电子控制单元的数量以及控制单元之间的数据交换也随之增加。

传统的数据交换形式是通过控制单元间专设的导线完成点对点的通信。数据量的增加必然导致车身线束的增加。庞大的车身线束不仅增加了制造成本,而且还占用空间,提高了整车重量。线束的增加还会使因线束老化而引起电气故障的可能性大大提高,降低了系统的可靠性。

解决这个问题的关键就是利用计算机网络技术,将车载控制单元通过车载网络连接起来,实现数据信息的高效传输。车载网络形式多种多样,目前应用最为广泛的是控制器局域网络,即所谓的 CAN 总线(BUS)系统。

CAN 总线是由以研发和生产汽车电子产品著称的德国博世公司开发的,并最终成为国际标准,是国际上应用最广泛的总线技术之一。

图 5-1-1a)所示为传统布线及信息传递方式。发动机控制单元 ECM 与自动变速器 A/T、ABS、组合仪表等控制单元以独立的数据专线传递各种信息,如发动机转速、节气门位置、升降挡的信息等。而图 5-1-1b)则采用 CAN 总线进行信息传递,所有信息都通过两根数据线进行传递。各控制单元之间的所有信息都通过两根数据线进行交换,相同的数据只需在数据系统中传递一次。通过该种数据传递形式,所有的信息,不受控制单元的多少和信息容量的大小限制,都可以通过这两条数据线进行传递。

如图 5-1-2 所示,类似于公共汽车可以运输大量乘客,CAN 总线可以高效率实现大量的数据传输。

因此,与传统数据传输方式相比,CAN 总线传输方式具有如下优点:

(1) 数据传输速度快。

数据传输能以较快的速度进行,最快速度达到1Mbit/s。

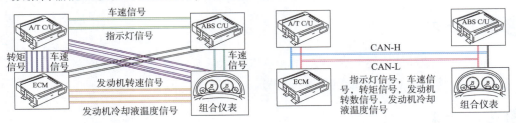

a) 传统的通信方式　　　　　　　　b) CAN 通信方式

图 5-1-1　传统数据传输系统与 CAN 总线数据传输系统对比图

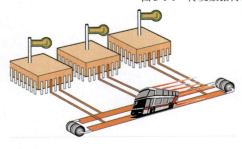

图 5-1-2　CAN 总线系统示意图

(2) 系统可靠性高。

系统能准确识别数据传输故障(不论是由内部还是外部引起的);具有较强的抗干扰和应急运行能力,例如能够以单线模式工作(出于安全因素,正常情况下双线同时工作)。

(3) 减少线束,降低成本。

通过减少车身线束,不仅降低了制造成本,同时又节省了空间,降低了整车质量。

(4) 系统配置更加灵活便利。

若需对系统进行功能增减或配置更改时,只需进行较少的改动,如对相应控制单元进行软件升级等。

(5) 高效率诊断。

通过网络实现对网络中各系统的高效诊断,大大减少了诊断扫描所需的诊断线束。

2) CAN 总线的分类

在车辆中广泛使用两种 CAN 总线,即低速 CAN 和高速 CAN。这两种 CAN 总线通信协议不同,传输速率不同。在实际应用中,如果测量其波形,会发现波形也不相同。图 5-1-3、图 5-1-4 分别是低速 CAN 和高速 CAN 的波形。

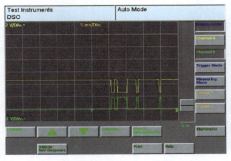

图 5-1-3　低速 CAN 波形

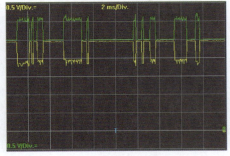

图 5-1-4　高速 CAN 波形

2. CAN 总线的结构组成与信息传输原理

1) CAN 总线的结构组成。

CAN 总线系统主要由控制器、收发器、终端电阻和传输线等组成。除数据传输线外,其他元件都置于控制单元内部,如图 5-1-5 所示。

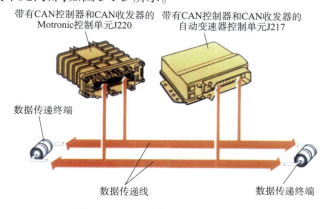

图 5-1-5　CAN 总线系统图(大众车型)

(1)传输线及信号传输方式。

传输线(BUS)又称为通信传输介质或媒体,常用通信传输介质有电话线、同轴电缆、双绞线、光导纤维电缆、无线与卫星通信信道等。CAN 总线数据没有指定接收器,数据通过数据传输线同时发送给各控制单元,各控制单元接收后进行对数据的分析、判断和计算。

如图 5-1-6 所示,为了防止外界电磁波干扰和向外辐射,两种 CAN 总线都采用两条线缠绕在一起的双绞线作为信号传输介质。双绞线可以屏蔽干扰,当信号有干扰时,总线上的信号同向变大或变小,但两者的差值不变,这样总线仍能不受外界干扰而确保信息正常传输。两条线上的电位是相反的,如果一条线的电压是 5V,另一条线就是 0V,两条线的电压总和等于常值。因此,CAN 总线得到保护而免受外界电磁场干扰,同时 CAN 总线向外辐射也保持中性,即无辐射。

如图 5-1-7 所示,两根双绞线分别命名为 CAN-H(CAN-HIGH)和 CAN-L(CAN-LOW),它们每相隔 25mm 铰接一次。此双绞线允许的总长度为 30m(25m 连接节点,5m 连接诊断仪)。理论上连接的节点数不受限制,但实际上可连接的控制单元数受总线上的时间延迟及电气负载的限制。降低通信速度,可连接的控制单元数增加;提高通信速度,则可连接的控制单元数减少。

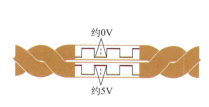

图 5-1-6　CAN 数据传输线

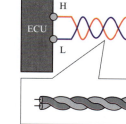

图 5-1-7　CAN-H 和 CAN-L

(2)终端电阻。

如图 5-1-8 所示,CAN 总线都采用总线型拓扑结构,属于多主控网络。不同之处在于,高速 CAN 在终端处有终端电阻。终端电阻的作用是避免高速信号在终端处产生回波反射造成对信号的叠加,从而使信号产生失真形成干扰。

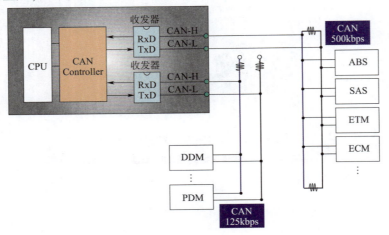

图 5-1-8　CAN 总线节点结构

单个终端电阻为 120Ω,利用万用表测量时,测量 CAN-H 和 CAN-L 之间的电阻约为 60Ω(实际上是两个电阻并联后的阻值)。在实际应用中,利用测量高速 CAN 的终端电阻值,可以判断总线线路有无断路。对于低速 CAN 而言,一般不去测量终端电阻值,因为它没有诊断意义。

(3)控制器和收发器。

CAN 控制器(也称驱动器)如图 5-1-9 所示,其作用是接收控制单元中微处理器发出的数据、处理数据并传给 CAN 收发器;同时控制器也接收收发器收到的数据、处理数据并传给微处理器。在 CAN 总线上的信号变化实际上由控制器产生的。高速 CAN 与低速 CAN 的控制器不同,这使得总线上的信号有差别。

CAN控制器

CAN控制器有28个针脚,主要实现了两部分的功能:
➢ 数据链路层的全部功能;
➢ 物理层的位定时功能。

图 5-1-9　高速 CAN 总线控制器

CAN 总线控制器有 2 个功能:

①将"0"或"1"逻辑信号转换为规定的电平,并向总线输出;

②将总线电压转换为逻辑信号,并向控制器反馈。

收发器是由 1 个发射器和 1 个接收器组成,其作用是将从控制器接收的数据转换成能够通过 CAN 总线传递的电信号,并能双向传递。连接收发器的上一层级芯片为 CAN 协议控制芯片,再上一层级的芯片就是 CPU。

2)CAN 总线的信息传输与交换

各个控制单元之间进行传输与交换的数据称为信息。信息传输与交换是按照顺序来连续完成的,每个控制单元都能发送和接收数据,但只是有选择性地读取需要的数据信息。

如图 5-1-10 所示,控制单元 2 接收到某个传感器提供的信号数据后,将该数据发送(共享)到 CAN 系统中,CAN 系统中所有的控制单元都会接收到该数据,然后进行检查数据,判断该数据是否对自身控制的系统有用,如果有用(如控制单元1和控制单元4),则接受该数据;如果没用(如控制单元3),则忽略该数据。

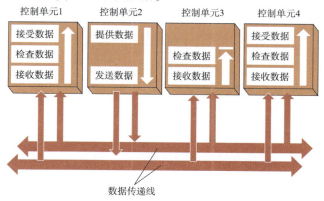

图 5-1-10　CAN 信息交换原理图

CAN 总线中的所有控制单元都能收到信息,并且判断所收到的信息是否与相应的控制单元有关,如果有关,则采用;否则将被忽略。通常把上述信息交换的原理称为"广播",类似一个广播电台发送某一节目,每个连接的用户均可接收。这种"广播"形式使系统中所有控制单元都处于相同的信息状态,但用户可以选择听与不听,选择听的用户也分为"有用"和"没用"。

图 5-1-11 所示是 CAN 总线的信息传输系统工作原理动画介绍界面。

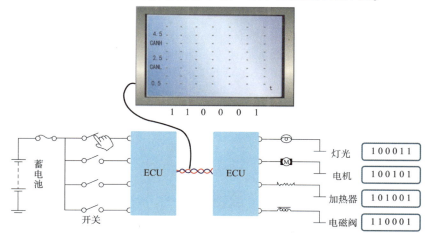

CAN网络传输技术采用多路传输的技术原理,CAN总线与电话会议类似,一个电话用户(控制单元)将数据"讲"入网络,其他用户网络"接听"该数据,对该数据感兴趣的用户就会利用该数据,而其他用户则选择忽略

图 5-1-11　CAN 总线的信息传输系统工作原理

3. CAN 总线在汽车上的应用

1)CAN 总线在传统汽车上的应用

虽然 CAN 总线有标准的应用协议,但 CAN 协议对物理层中的驱动器、收发器、连接器、电缆等的形态没有统一规定。这样一来,不同厂家采用的 CAN 总线的速率、波形形态、拓扑结构也就各不相同,每个厂家对 CAN 总线的称谓也不尽相同。因此,一般在分析不同车型 CAN 总线时,应始终从 CAN 总线分两大类为重点,即低速 CAN 总线和高速 CAN 总线。通过测量波形或总线电

压即可区分其是高速 CAN 总线,还是低速 CAN 总线。图 5-1-12 所示为大众车型 CAN 总线系统,从传输速率来看,有低速(100kb/s)舒适 CAN 和信息娱乐 CAN,还有高速(500kb/s)扩展 CAN、驱动 CAN、组合仪表 CAN。不同类型的 CAN 通过中央网关 BEM 进行连接。

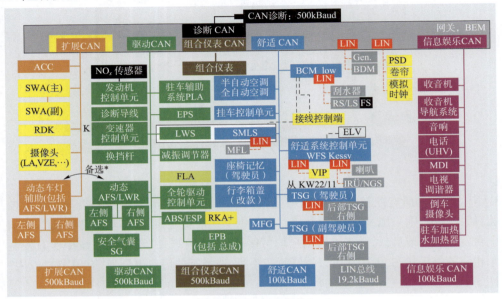

图 5-1-12　大众车型 CAN 总线系统

如图 5-1-13 所示,在宝马车型中,K-CAN(车身)和 F-CAN(底盘)属于低速 CAN,速率为 100kb/s,PT-CAN(动力传输)为高速 CAN,速率为 500kb/s。在较新的宝马车型中,基本上不再使用低速 CAN,都采用带宽是 500b/s 或 1Mb/s 的高速 CAN。

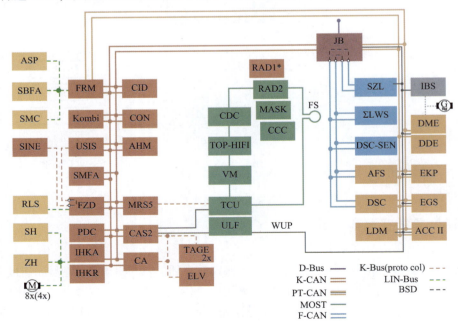

图 5-1-13　宝马车型 CAN 总线系统

2）新能源汽车 CAN 总线系统

（1）比亚迪纯电动汽车 CAN 总线系统。

比亚迪 E6 车身 CAN 网络传输技术采用多路传输的技术原理。多路传输系统是多个模块完成某一特定功能的电路或装置，可以在同一通道或线路上同时传输多条信息。图 5-1-14 所示是比亚迪 E6 车身 CAN 系统拓扑图。

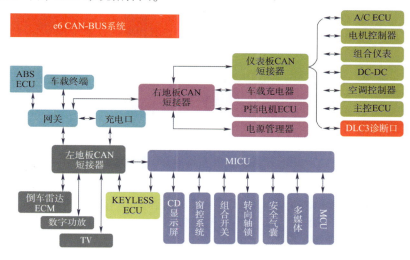

图 5-1-14　比亚迪 E6 车身 CAN 总线系统拓扑图

图 5-1-15 所示是比亚迪 E5 的 CAN 总线系统拓扑图。整个 CAN 系统根据功能不同而采用不同的传输速率，底盘电子控制系统 ESC 网速率为 500kb/s，动力相关的控制系统动力网速率为 250kb/s，其他的车身防盗系统（启动网）空调及多功能显示屏（舒适网）速率为 125kb/s。各 CAN 网络系统重要控制单元（模块）内部安装有 120Ω 的终端电阻。

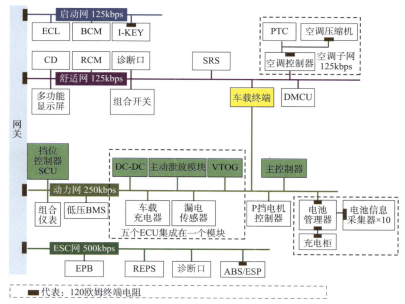

图 5-1-15　比亚迪 E5 CAN 总线系统拓扑图

(2)北汽新能源纯电动汽车 CAN 总线系统。

图 5-1-16 所示是北汽新能源纯电动汽车 CAN 总线系统拓扑图。各控制系统的电子控制单元(模块)都连接到一个 CAN 系统上,通信更加快速便捷。两个终端电阻分别位于动力蓄电池管理系统 BMS 和整车控制器 VCU 内部。

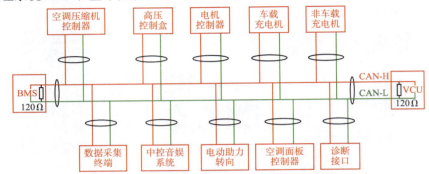

图 5-1-16 北汽新能源纯电动汽车 CAN 总线系统拓扑图

故障诊断接口也连接到 CAN 总线系统上,如图 5-1-17 所示,诊断接口的外形及端子的

图 5-1-17 诊断接口

标准定义与传统燃油汽车一致,16 号端子为常电(接低压蓄电池正极,BAT+);4 号或 5 号端子为搭铁线(接车身搭铁);6 号端子为 CAN-H(H,原燃油车型);14 号端子为 CAN-L(L,原燃油车型);1 号端子为 CAN-H(H,新能源车型);9 号端子为 CAN-L(L,新能源车型)。诊断仪器通过诊断接口的 1 号(CAN-H)和 9 号(CAN-L)与车辆的各个控制单元通信,读取故障代码、数据流及其他操作。

4. 车载局域网络系统故障特点和检修方法

由于车载网络总线技术的可靠性强,车载局域网络系统故障率不高,一般是传输信号线(BUS)机械性损坏(短路、断路)以及控制单元本身的软件、硬件故障。

以 CAN 总线系统为例,车载总线网络系统的检修方法如下:

1)CAN 总线系统故障诊断工具

进行 CAN 总线系统的检修,需要以下诊断工具:

(1)诊断设备:能进行 CAN 总线故障检测的诊断仪器(含原厂仪器、通用型仪器)。

(2)检测设备:汽车专用电表、示波器等。

(3)技术资料:相关车型 CAN 总线系统结构图、线路图。

2)CAN 总线系统的故障种类和故障部位

(1)全部控制单元不能和诊断仪器通信:故障可能部位包括诊断接头、BUS 线、网关等。

(2)部分或某个控制单元不能和诊断仪器通信:故障可能部位包括对应的 BUS 线、控制单元等。

(3)控制单元记忆系统相关的故障码:故障可能部位包括对应的 BUS 线、控制单元、相关元件等。

(4)采用 CAN 系统控制的功能故障:故障可能部位包括对应的 BUS 线、控制单元、相关元件等。

3）CAN 总线系统的故障现象

（1）断路或短路的故障。

①故障现象：

a. 断路：总线上无电压。

b. 对正极短路：总线上无电压变化，总线电压＝蓄电池电压。

c. 对地短路：总线上无电压变化，总线电压＝0V。

②故障原因：导线中断；导线局部磨损；线束连接损坏/触头损坏/污垢、锈蚀；控制单元损坏或控制单元供电故障。

（2）控制单元的故障。

①会干扰总线系统的控制单元：该故障原因可能由于软件引起。

②症状：由电码干扰而导致的功能无法执行或功能异常。

③确定干扰总线系统的控制单元的方法：

a. 依次取下每根总线上连接的控制单元熔断丝，脱开相应的控制单元。

b. 每脱开一个控制单元后，重复总线测试。

c. 如果在脱开某个控制单元后数据传送重新正常，则表明该控制单元干扰了数据交换。

d. 如果确定控制单元硬件故障，可更换相关的控制单元。

e. 如果确定控制单元软件故障，可对相关的控制单元进行重新编程。

4）总线的维修

如图 5-1-18 所示，拆开在损坏点处的缠绕线，对损坏点处进行维修。在维修时需注意：为了屏蔽干扰，尽可能少拆解缠绕节，并且维修点之间的距离应保持至少 100mm。

图 5-1-18　总线的维修

（一）工作准备

（1）防护装备：常规实训着装。

（2）车辆、台架、总成：带车载局域网络系统的整车或示教版。

（3）专用工具、设备：万用表。

（4）手工工具：组合拆装工具。

（5）辅助材料：无。

（二）实施步骤

1. CAN 系统的拓扑图识读

利用实训室车载局域网络的示教版，根据 CAN 系统拓扑图，认识 CAN 系统的结构组成,并描述其控制原理。

2. CAN 系统终端电阻的测量

(1) 找到诊断接口 H 和 L 的端子。如图 5-1-19 所示,查看诊断座 H 和 L 的端子序号(1 号端子为 H,9 号端子为 L)。

(2) 点火开关置于 ON 位置。

(3) 万用表调至电阻挡 200Ω。

(4) 如图 5-1-20 所示,两表笔分别连接高低 CAN 端子(6 和 14 号端子,或 1 号和 9 号端子),测量 CAN 终端电阻,正常值约为 60Ω。

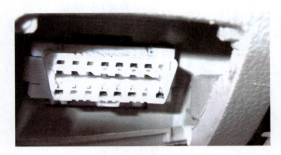

图 5-1-19　找到诊断接口 CAN 端子

图 5-1-20　测量 CAN 总线终端电阻

> **提示:**
> CAN 系统的终端电阻标准值为 120Ω,通过诊断接口测量到的电阻值实际上是 CAN 系统中两个终端电阻并联后的电阻值,根据欧姆定律可以计算出实测的电阻值约为 60Ω。

学习测试

1. 填空题

(1) 在车辆中广泛使用两种 CAN 总线,即_____ CAN 和_____ CAN。

(2) 数据总线系统主要由_____、_____、_____和传输线等组成。

(3) CAN 总线都采用_____结构,属于_____网络。

(4) 收发器是由一个_____和一个_____组成,其作用是将从控制器接收的数据转换成能够通过 CAN 总线传递的电信号,并能_____传递。

(5) 数据传输能以较快的速度进行,最快速度达到_____。

2. 判断题

(1) CAN 系统中各相同的数据只需在数据系统中传递一次。　　　　　　　　(　　)

(2) 为了避免信号反射,终端电阻越大越好。　　　　　　　　　　　　　　(　　)

(3) CAN 只能是双向同时工作,单线不能工作。　　　　　　　　　　　　　(　　)

(4)CAN中每个控制单元都能发送和接收数据,但只是有选择性地读取需要的数据信息。(　　)

(5)CAN系统中,不同类型的网络数据传输速率是一样的。(　　)

3.单项选择题

(1)CAN中,单个终端电阻的大小通常是(　　)。

　　A.60Ω　　　　B.120Ω　　　　C.越大越好　　　　D.越小越好

(2)CAN总线中的控制单元,对其他控制单元发送到系统的数据处理环节中,不一定要执行的是(　　)。

　　A.接收数据　　B.检查数据　　C.接收数据　　D.以上都是

(3)CAN总线中,两条线的电压总和是(　　)。

　　A.0V　　　　B.5V　　　　C.常值　　　　D.变值

(4)比亚迪E5纯电动汽车CAN系统中,传输速率最快的网是(　　)。

　　A.ESC网　　B.动力网　　C.舒适网　　D.启动网

(5)对总线进行维修时,拆开在损坏点处的缠绕线,对损坏点处进行维修。在维修时需注意:为了屏蔽干扰,尽可能少拆解缠绕节,并且维修点之间的距离应保持至少(　　)。

　　A.20mm　　B.40mm　　C.80mm　　D.100mm

任务2　新能源汽车车载互联网系统认知与应用

提出任务

作为一名新能源汽车售后服务顾问,客户需要你向她详细介绍新能源汽车的车载互联网系统,以及车载互联系统网功能的使用,你能完成吗?

任务要求

知识要求

1.能够描述车载互联系统的定义、产业链及特性;

2.能够描述车载互联网系统的应用方式;

3.能够描述车载互联网在新能源汽车上的应用。

能力要求

1. 能够正确介绍车载互联网系统构成；
2. 能够进行车载互联网系统操作。

素质要求

1. 培养良好的职业道德和工匠精神；
2. 培养安全意识和团队协作精神；
3. 培养自我管理和自主学习能力。

相关知识

1. 车载互联网系统概述

1) 车载互联网系统简介

车载互联网系统也称汽车物联网，简称车联网，是一种汽车信息服务，是通信技术与信息技术的有机结合，并以汽车为载体开展服务，解决人、车、路的有效协同。车联网系统利用装载在车辆上的电子标签，通过无线射频(RFID)等识别技术，实现在信息网络平台上对所有车辆的属性信息和静、动态信息的提取和有效利用，并根据不同的功能需求，对所有车辆的运行状态进行有效监管和提供综合服务。

通信技术是以无线语音、数字通信和卫星导航定位系统为平台，通过定位系统和无线通信网，向驾驶人和乘客提供交通信息、紧急情况应付对策、远距离车辆诊断和互联网(金融交易、新闻、电子邮件等)服务的业务。

图 5-2-1 所示是车载互联网系统的结构，主要由终端、云计算中心(数据中心)以及应用服务组成，实现"人、车、路"的交互协调。车载互联网系统在车与车、车与路、车与行人及车与互联网等之间，通过汽车收集、处理并共享大量信息，使车与路、车与车、车与城市网络实现互相连接，从而实现更智能、更安全的驾驶。同时，随着互联网基因不断导入，车联网更像是未来打通汽车—车主—生活的重要载体，为车主提供更加精彩、便捷、全面的汽车生活服务。

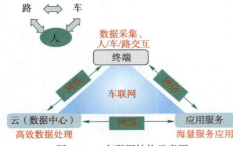

图 5-2-1 车联网结构示意图

车载互联网的特点如下：

(1) 感知层：通过无线射频(RFID)等感知系统获取车辆属性信息并加以利用。

(2) 互联互通：实现人、车、路之间的互联互通。

(3) 云计算：借助目前流行的云计算等智能方式调度和管理车辆。

2) 车载互联网系统的产业链及其功能

车联网背后的产业链是由汽车制造商、车载终端企业、电信运营商、IT 企业、硬件供应商、交通信息内容运营商及服务商等组成的一长串产业链条,图5-2-2是完整的车联网汽车商业圈示意图。

图5-2-2 完整的车联网汽车商业圈示意图

车联网的产业链具有如下的功能:

(1)车载互联的功能。智能交通、智能物流、便民出行。

(2)语音服务功能。人机对话功能代替了传统的手写或软键盘输入,让使用者只需开口就能完成需要做的所有事情。

(3)导航服务功能。一键导航功能提供全面的交通深度信息和位置信息,实时交通动态信息和驾驶预警服务,随时规划最佳导航路径方案。

(4)安全服务功能。给车主带来全方位的安全保障和实施护驾,被盗车车辆报警、防盗追踪、事故警报、路边救援协助等服务能在关键时刻保护车主和车辆的安全。

(5)互动服务功能。多方通话和位置共享功能,能及时与好友保持联络,随时观察好友的行驶位置,路书生成功能,能与好友随时随地分享旅行的快乐。

(6)秘书服务功能。爱车助手功能实时监控车况、及时为使用者的车辆提供维护提醒和违章查询,远程控制功能为使用者提供远程开锁、热车、开空调等各种服务,便捷的查询、预订、提醒服务,可以在驾车的过程中轻松实现酒店、机票、餐厅、酒吧等各类预订服务。

(7)生活服务功能。让使用者自由穿梭在现实社会与互联网社会之间,随意下载其感兴趣的音乐、应用软件、有声书籍,及时的资讯定制服务可以提供各类资讯指南,如天气、股票、财经、新闻等实时信息,更有各类打折信息、周年活动、促销商品购买地点等优惠信息,让使用者在开车中也能知晓天下事,体验前所未有的安全感,感受超给力的趣味性和娱乐性,尽享驾驶带来的乐趣。

3)车载互联网系统的特性

(1)特性一:技术整合。作为物联网的重要分支,车联网在汽车行业的应用是将多种先进技术有机地运用于整个交通运输管理体系而建立起的一种实时的、准确的、高效的交通运输综合管理和控制系统及由此衍生的诸多增值服务。

（2）特性二：信息共享。车联网能够实现车辆、行人、道路与城市交通及生活设施相关的信息共享。

（3）特性三：产业融合。车联网涉及的领域非常多，能实现包括汽车制造商、芯片制造商、软件提供商、网络提供商、方案提供商等多产业融合。

（4）特性四：可持续发展。车联网企业资产的积累其实就是内容的累积，这才是真正为社会创造价值，丰富的专家后台数据库支持将是一个可持续的累积。车联网将致力于价值链的培育，由此可见开放性、合作和产业联盟的重要作用。

2. 车联网的应用方式

车载互联网系统在实际中有以下的应用方式。

1）应用一：车辆数据采集分析终端

图 5-2-3 是车辆数据采集终端示意图。

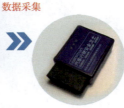

图 5-2-3　车辆数据采集终端示意图

根据车型不同，可以通过车辆的数据传输接口（OBD 诊断接口）采集车辆控制系统的数千项数据，并经过系统分析共享应用。

2）应用二：新型的维修系统

图 5-2-4 是车联网维修示意图。

图 5-2-4　车联网维修示意图

（1）车主能够实时了解车辆的车况。

（2）通过信息共享，4S 店及其他维修企业可将服务由被动变主动。

（3）良好、方便、高效的沟通平台，实现自助化的维修模式，使得各方利益最大化。

3）应用三：远程监控诊断控制系统、新型救援服务系统

图5-2-5是车联网远程监控诊断、救援系统示意图。

（1）借助卫星定位，实现与紧急救援的高效对接。

（2）实时的故障信息可保障各种及时的服务请求，如爆胎、加油等。

（3）服务中心的个性化服务将给车主带来全方位的汽车生活体验。

4）应用四：道路事故处理系统

图5-2-6是车联网道路事故处理系统示意图，实时、全面的行车数据使事故现场轻松地在电脑上得以重现，这将对交通管理、保险等传统行业带来革命性的创新模式。

图5-2-5　车联网远程监控诊断、救援系统示意图　　图5-2-6　车联网道路事故处理系统示意图

5）应用五：用户的其他便捷功能

图5-2-7是用户便捷功能示意图，用户可以便捷查询到保险、路况、位置以及车辆油耗等需求的信息。

图5-2-7　用户便捷功能示意图

6）手机和车机互联的应用案例

智能车载互联技术，即利用互联网技术，使汽车可以与手机、平板电脑等移动终端设备

连接，实现车主对汽车更加便捷、智能化的控制，如通过智能手机来控制汽车，用语音来给汽车下达指令等。目前，智能车载互联技术主要应用在车载娱乐系统、导航系统、车载 APP 以及无人驾驶等方面。

如搭载在通用汽车上的 Onstar 系统（图 5-2-8），主要是以通用汽车为主的车型提供安全信息服务，包括自动撞车报警、道路援助、远程解锁服务、免提电话、远程车辆诊断和逐向道路导航等服务。

还有，如苹果公司开发的 CarPlay 系统（图 5-2-9），已陆续应用在传统汽车和新能源汽车上。CarPlay 是将用户的 iOS 设备，以及 iOS 使用体验与仪表盘系统无缝结合。如果用户汽车配备 CarPlay，就能连接 iPhone 等设备，并使用汽车的内置显示屏和控制键，或 Siri 免视功能与之互动。用户可以轻松、安全地拨打电话、听音乐、收发信息、使用导航等。

图 5-2-8　Onstar 主要操作按钮

图 5-2-9　使用 Carplay 后的操作界面

为了把手机的优点和车机的优点结合起来，满足消费者的需求，越来越多汽车厂商把汽车与移动 App 完美整合在一起（图 5-2-10），形成新一代基于驾驶人移动设备的信息娱乐系统。这种映射技术随着市场需求发展成长得非常快，目前已有汽车厂商开始使用。例如宝马在 3 系车型使用其最新的 iDrive 系统，通过一个按钮和 8 个热键配合，可以轻松实现和 iPhone 的无缝连接，这是目前映射做得最好的代表产品。

图 5-2-10　手机 App 移动终端
注：这两种操作系统占据了智能手机 97% 的份额

通过手机无线获取汽车实时数据，并传送给云服务器，把汽车 OBD 数据与 GPS 地理定位数据相结合，基于手机平台操作系统，开发远程控制、车辆代驾、网上商城、爱车常识、地图升级等手机 App 应用功能。

3. 车载互联在新能源汽车上的应用

以下以北汽新能源 EV200 纯电动汽车的车联网应用为例，介绍车联网在新能源汽车上的应用。

1) 数据采集终端

（1）车载终端功能。

用于数据采集和传输的车载终端具有以下功能：

①车载终端能够通过 CAN 总线与整车控制器（VCU）进行通信，服从 VCU 的控制命令，采集整车的相关信息。车载终端采用"行程长度编码"压缩机制，对 CAN 数据进行数据压缩，以减少存储空间的占用，同时节约网络带宽资源与流量，加快数据传输速度。

②车载终端能够利用全球卫星定位系统 GPS 对车辆进行定位。

③车载终端能够将大量数据(最大8G)存储到本地移动存储设备(SD卡)中。经存储的数据可由分析处理软件读取和分析。

④车载终端能够将信息按照规定的时间和数据量,以无线通信(GPRS)的方式发送到服务平台。在此信息传输的过程中,要保证信息的正确性,并且不能将信息丢失。在信息传输的过程中,还需要做到信息的保密,使无线通信的信息不能被他人窃取。

⑤车载终端将在本地保存车辆最近运行一段时间的数据,作为"黑匣子"提供车辆故障或事故发生前的数据信息。

⑥车载终端支持在通信网络不畅情况下,自动将数据保存至采集终端flash存储区内,待网络正常后,自动/人工将数据上传至服务平台。

⑦当检测到GPS模块、主电源等故障会主动上报警情到监控中心,辅助设备进行检修。

⑧支持远程自动升级功能,自动接收来自服务平台的升级指令完成软件升级,大大节省了维护成本。必要情况下,借助本车载终端可对车辆通过CAN通信协议进行软件升级。

(2)车载终端组成。

如图5-2-11所示,车载终端由一根天线和一个内有供存储数据的SD卡的数据记录仪组成。

a)天线

b)数据记录仪指示灯

c)SD卡的位置

图5-2-11 车载终端的组成

车载终端数据记录仪的指示灯说明见表5-2-1。

数据记录仪的指示灯说明　　　　　　　　　　表5-2-1

指示内容	颜色	指示灯状态	内容说明
RUN	红色	闪烁	终端运行正常
		其他	终端运行故障
GPRS	绿色	亮	GPRS已登录
		灭	GPRS未登录
GPS	绿色	亮	GPS已定位
		灭	GPS未定位
CAN1	绿色	亮	CAN1接收到数据
		灭	CAN1未接收到数据
CAN2	绿色	亮	CAN2接收到数据
		灭	CAN2未接收到数据
SD	绿色	亮	SD卡正在记录数据
		闪烁,1Hz	SD卡暂停记录数据
		闪烁,2Hz	插入的SD卡未格式化或容量已满
		灭	无SD卡,或者SD卡加锁(只读)

2）控制平台系统介绍

（1）系统功能。

远程控制平台是用来和车载终端及手机 App 配合工作，实现车主车辆远程状态查询和远程车辆控制等功能的系统。

手机 App 核心功能如下：

①车辆状态查询。

②充电状态查询与提示。

③远程控制（空调、充电）。

④爱车体检。

⑤车辆位置服务。

云钥匙用户服务网核心功能如下：

①用户初始登录密码生成。

②高低配车型配置。

③用户反馈处理。

④用户激活与自定义设置。

⑤近期轨迹查询。

（2）系统组成。

整个远程控制平台系统由三部分构成：

①车载终端（INQ-1000T）。

②远程控制平台（用户服务网、inCOM 基础数据平台等）。

③对应车型的手机 App。

3）用户服务网介绍

云钥匙用户服务网前台主要提供给车主（用户）使用，车主需要在其中完善个人信息并进行激活，设置功能、下载手机 App，再使用自己设置的账号和密码进行登录。使用过程中如果有信息变更也可以在前台进行修改，并可查询车辆轨迹、个人操作日志等信息。

云钥匙用户服务网前台如图 5-2-12 所示。

图 5-2-12　北汽新能源云钥匙用户服务网

4）手机 App 介绍

车主使用的手机 App，主要包括车辆状态、充电状态查询和提示、远程控制（空调、充电）、爱车体检、位置服务、意见反馈。

（1）手机 App 下载方式。

车主可在云钥匙用户服务网上进行下载。车主完成账号激活和设置功能后，可以在云钥匙用户服务网"手机 App 下载"中下载 App 进行安装使用。可以通过扫描二维码、直接下载到电脑两种方式下载，预留了短信获取下载地址进行下载功能，如图 5-2-13 所示。

图 5-2-13　北汽新能源云钥匙用户手机 App 下载方式

车主下载手机 App 并安装成功后，即可使用激活时自己设置的账号和密码登录；可选择记住密码和自动登录两种模式；App 启动时会自动检测是否有新版本，如果有新版本发布，则会自动提示进行升级；当不是第一次登录手机 App 且更换了手机，则需要先到用户服务网进行重置，否则由于账号和旧手机 IMEI 号绑定而导致无法登录。

（2）手机 App 车辆状态显示。

车主登录后，车辆在线时可以查看此时车辆的实时状态，包括当前总里程、剩余电量、续航里程、电芯最高/低温度，以及是否充电、空调状态。如果当前正在充电，则可以查看充电剩余时间，电池图标会动态的变化显示正在充电，如果 SOC 达到 95%，则会自动弹屏提示即将充电充满，如果 SOC 达到 98%，则自动弹屏提示充电已充满。

另外，充电状态和空调状态发生变化时（如设置了定时充电或定时空调开启），也会弹屏提示。

如果是高配车型，则拥有 App 的所有功能，即包括车辆状态、车辆控制、爱车体检、位置服务、意见反馈、设置等；如果是低配车型，则没有车辆控制功能。

图 5-2-14 是北汽新能源云钥匙用户手机 App 车辆状态显示界面图。

图 5-2-14　北汽新能源云钥匙用户手机 App 车辆状态显示界面

（3）手机 App 后台运行及提示设置。

App 初始默认是开启后台运行和铃声提示，关闭云服务密码一次验证和自启动。车主可以自己根据需要进行设置。但是建议开启后台运行、铃声提示,以便更方便知晓车辆状态变化和意见回复消息。

图 5-2-15 是北汽新能源云钥匙用户手机 App 后台运行及提示设置界面图。

图 5-2-15　北汽新能源云钥匙用户手机 App 后台运行及提示设置界面

(4)手机 App 远程车辆控制。

车主可以对自己的车辆进行空调控制和充电控制,分别包括定时和及时控制,控制结果会弹屏反馈至界面,同时也可以查询所有的控制操作记录。进行车辆控制时,需要输入云服务密码(控制密码)。当车辆不在线,即终端处于休眠状态时,App 发送控制指令后,首先控制平台后台通过短信方式唤醒终端,继而唤醒整车控制器,再按照既定的控制策略完成控制功能。

图 5-2-16 是北汽新能源云钥匙用户手机 App 远程车辆控制显示界面图。

图 5-2-16　北汽新能源云钥匙用户手机 App 远程车辆控制显示界面

图 5-2-17 是北汽新能源云钥匙用户手机 App 远程空调控制显示界面图。车主可以远程控制空调即时打开,选择空调类型和开启时长。当空调还在开启状态时,可以远程关闭空调。远程充电控制的操作方法类似。

(5)手机 App 爱车体检。

车主可以对自己车辆进行体检,系统会根据制定的打分策略,按照目前已发生但还未结束的故障进行分数的计算,同时以不同颜色显示不同级别的分数。

如图 5-2-18 所示,是北汽新能源云钥匙用户手机 App 对车辆体检显示界面。

(6)手机 App 车辆位置服务。

如果在云钥匙服务网中设置的位置服务是开启状态,则车主可以在手机 App 中查询车辆现在的位置及人和车的直线距离,以便于寻找车辆。如果在云钥匙服务网中设置的位置服务是关闭状态,则手机 App 会直接给出提示,将位置服务功能开启后,即可使用该功能。

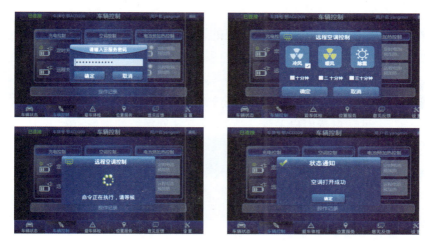

图 5-2-17　北汽新能源云钥匙用户手机 App 远程空调控制显示界面

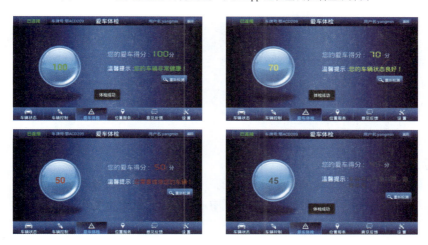

图 5-2-18　北汽新能源云钥匙用户手机 App 爱车体检显示界面

任务实施

(一)工作准备

(1)防护装备:常规实训着装。
(2)车辆、台架、总成:北汽新能源纯动汽车或带车载互联网系统的整车(或示教版)。
(3)专用工具、设备:无。
(4)手工工具:无。
(5)辅助材料:对应车辆的用户手册。

（二）实施步骤

根据实训室的车辆配置，对完成以下车载互联及系统相关的操作。

1. 利用互联网查询车载互联网系统的现状和发展

打开电脑或移动终端的浏览器，利用浏览器的搜索功能，搜索"车载互联网、车联网、现状、发展"等关键词，查询并记录相关的信息。

2. 操作互联网查询车载互联网系统

根据整车或示教版，参考用户手册，进行车载互联网系统的操作。

学习测试

1. 填空题

(1) 车载互联网系统汽车为载体开展服务，解决_____、_____、_____的有效协同。

(2) 车联网的产业链条由汽车制造商、_____、_____、IT企业、硬件供应商、_____运营商及服务商等组成。

(3) 车联网可以通过车辆的_____采集车辆控制系统的数千项数据。

(4) 智能车载互联技术主要的应用在_____系统、导航系统、_____及_____等方面。

(5) 北汽新能源纯电动汽车的车载终端由一根_____和一个内有SD卡的_____组成。

2. 判断题

(1) 车载互联网系统实际上也是物联网的一种类型。　　　　　　　　　（　　）

(2) 车载互联网系统主要由终端、云计算中心（数据中心）以及应用服务组成。（　　）

(3) 通过车载互联网系统的信息共享，4S店可将服务由主动变被动。　　（　　）

(4) 根据目前的车载互联网技术，还无法实现对汽车的远程控制。　　　（　　）

(5) 北汽新能源云钥匙用户手机APP车辆位置服务不需要GPS定位支持。（　　）

3. 单项选择题

(1) 以下属于车联网系统的产业链的是（　　）。

　　A. 汽车制造商　　　　　　　　B. 车载终端企业

　　C. 电信运营商　　　　　　　　D. 以上都是

(2) 以下不属于车联网系统的特性的是（　　）。

　　A. 技术整合　　　　　　　　　B. 可持续发展

　　C. 信息独享　　　　　　　　　D. 产业融合

(3) 北汽新能源纯电动汽车车载终端通信的控制单元是（　　）。

　　A. 车身控制模块BCM　　　　　B. 整车控制器VCU

　　C. 行车记录仪　　　　　　　　D. 黑匣子

(4)北汽新能源纯电动汽车车载终端 SD 的绿色指示灯熄灭,可能原因是(　　)。
　　A. SD 卡正在记录数据　　　　　　B. SD 卡暂停记录数据
　　C. SD 卡未格式化　　　　　　　　D. 没有装 SD 卡
(5)北汽新能源纯电动汽车高配车型 APP 的功能包括(　　)。
　　A. 车辆状态和车辆控制　　　　　　B. 爱车体检和位置服务
　　C. 意见反馈和设置　　　　　　　　D. 以上都是

参 考 文 献

[1] 吴荣辉.新能源汽车结构原理与检修[M].北京:机械工业出版社,2021.
[2] 吴荣辉.新能源汽车认知与应用[M].北京:机械工业出版社,2021.
[3] 王磊,谢婉茹.智能网联汽车概论[M].北京:人民交通出版社股份有限公司,2021.

责任编辑　时　旭
文字编辑　李佳蔚
封面设计　

职业教育新能源汽车技术专业创新教材

新能源汽车概论（第2版）

新能源汽车高压安全与防护（第2版）

新能源汽车动力电池与驱动电机（第2版）

新能源汽车充电与辅助系统检修

新能源汽车维护与故障诊断（第2版）

智能网联汽车概论

教学资源 & 教学交流

QQ群(教师专用)：64428474　　QQ群(教师专用)：111799784
汽车高职教学研讨群　　　　　汽车中职教学研讨群

教师欲获取课件等教学资源，了解教材信息及进行教学交流，请加入研讨群。

咨询电话：(010) 85285977

ISBN 978-7-114-17921-1

定价：48.00元
（含教材+任务工单）

新能源汽车充电与辅助系统检修

任务工单

专业：_____

班级：_____

学号：_____

姓名：_____

人民交通出版社股份有限公司

北　京

目 录

项目一 新能源汽车充电系统结构原理与检修 1
- 任务1 新能源汽车充电系统结构原理认知 1
- 任务2 新能源汽车充电系统检修 5

项目二 新能源汽车低压电源系统结构原理与检修 9
- 任务1 新能源汽车低压电源系统结构原理认知 9
- 任务2 新能源汽车低压电源系统检修 12

项目三 新能源汽车暖风及空调系统结构原理与检修 15
- 任务1 新能源汽车暖风及空调系统结构原理认知 15
- 任务2 新能源汽车暖风及空调系统检修 18

项目四 新能源汽车制动及转向系统结构原理与检修 21
- 任务1 新能源汽车电控制动系统结构原理与检修 21
- 任务2 新能源汽车电动转向系统结构原理与检修 27

项目五 新能源汽车其他辅助系统结构原理与检修 30
- 任务1 新能源汽车车载局域网络系统结构原理与检修 30
- 任务2 新能源汽车车载互联网系统认知与应用 33

项目一 新能源汽车充电系统结构原理与检修

任务1 新能源汽车充电系统结构原理认知

学生姓名		班级		学号	
实训场地		学时		日期	
客户任务	作为一名纯电动汽车销售人员,客户需要你向她介绍日常充电的方式,以及快充和慢充的利弊,以便于客户更好了解自己的爱车,你能完成这个任务吗?				
工作准备	(1)防护装备:常规实训着装。 (2)车辆、台架、总成:比亚迪 E6 纯电动汽车或其他新能源汽车。 (3)专用工具、设备:无。 (4)手工工具:无。 (5)辅助材料:无				
任务要求	(1)能够向客户介绍电动汽车充电方法及特点。 (2)能够进行新能源汽车充电操作				

请阅读教材中的"相关知识",完成以下内容。

(1)新能源汽车充电技术最关键的是什么?现在这个技术情况如何?

_____

_____

(2)新能源汽车充电的方法有哪些?各自有什么优缺点?

_____

_____

(3)新能源汽车的充电系统应具有哪些功能?

_____

_____

(4)充电系统快充模式相关的组成部件有哪些?

_____

_____

(5)充电系统慢充模式相关的组成部件有哪些?
___
___

(6)充电系统慢充模式的工作过程是什么?
___
___
___

计划和决策

请根据任务要求,确定所需要的场地和物品,并对小组成员进行合理分工,制订详细的工作计划。

一 制订人员分工

小组编号:_____ 组长:_____
小组成员:___
你的任务:___

二 准备场地及物品

检查并记录完成任务需要的场地、设备、工具及材料。

1. 场地

检查工作场地是否清洁及存在安全隐患,如不正常,请汇报老师并及时处理。
记录:___

2. 车辆、充电桩、总成、工件

(1)车辆:___
(2)充电桩:___
(3)其他:___

3. 设备及工具

(1)防护装备:___
(2)设备及工具:___

4. 安全要求及注意事项

(1)实训汽车停在实训工位上,没有经过老师批准不可起动,起动后,应检查车轮的安全顶块是否放好,驻车制动器是否拉好,换挡杆是否放在 P 挡(A/T),确认车前是否有人;
(2)禁止触碰任何带安全警示标识的部件;
(3)实训期间禁止嬉戏打闹。

三 制订工作方案

根据任务,小组进行讨论,确定工作方案(流程/工序),并记录。

_____
_____
_____
_____

实施和检查

根据制订的计划实施,完成以下任务并记录。

1. 新能源汽车充电系统(快充模式)组成部件认知

(1)充电桩(快充桩):_____

(2)快充接口:_____

(3)高压控制盒:_____

(4)动力蓄电池:_____

(5)整车控制器:_____

(6)高压线束和低压控制线束:_____

2. 新能源汽车充电系统(慢充模式)组成部件认知

(1)供电设备(充电桩):_____

(2)慢充接口:_____

(3)车载充电机:_____

(4)高压控制盒:_____

(5)动力蓄电池:_____

(6)整车控制器：_____

(7)高压线束和低压控制线束：_____

3.新能源汽车充电规范操作

(1)充电操作注意事项：_____

(2)充电规范操作记录：_____

根据任务完成情况，学生自我评分，教师或指定组长过程巡视/验收检查时，若发现问题直接扣分。

评估项目(分值)	自 我 评 估	小 组 评 估	教 师 评 估
资讯(5)			
计划和决策(5)			
实施和检查(10)			
合计(20)			
总评			

教师签名：_____

任务 2　新能源汽车充电系统检修

学生姓名		班级		学号	
实训场地		学时		日期	
客户任务	一辆新能源汽车出现无法充电的情况,你的主管诊断该车的车载充电器已损坏,你能进一步确认并进行更换吗?				
工作准备	(1)防护装备:绝缘防护装备。 (2)车辆、台架、总成:北汽 E150EV/EV160/EV200 或同类纯电动汽车。 (3)专用工具、设备:检测仪器、放电工具、万用表、随车充电器;220V 交流电源;外部公用充电桩。 (4)手工工具:绝缘拆装工具一套;手电筒。 (5)辅助材料:高压警告牌;干净抹布				
任务要求	(1)能够进行车载充电器的拆装。 (2)能够进行充电口的识别与检测				

资讯

请阅读教材中的"相关知识",完成以下内容。
(1)描述车载充电器的功能、位置、电路和参数。

_____

(2)描述充电口的类型与功能。

_____

(3)描述慢充、快充充电口端子的定义。

_____

(4)描述充电通信协议的内容。

_____

(5)描述新能源汽车充电系统故障诊断方法。

_____

计划和决策

请根据任务要求,确定所需要的场地和物品,并对小组成员进行合理分工,制订详细的工作计划。

新能源汽车充电与辅助系统检修任务工单

一、制订人员分工

小组编号：_____ 组长：_____
小组成员：_____
你的任务：_____

二、准备场地及物品

检查并记录完成任务需要的场地、设备、工具及材料。

1. 场地

检查工作场地是否清洁及存在安全隐患，如不正常，请汇报老师并及时处理。
记录：_____

2. 车辆、充电桩、总成、工件

（1）车辆：_____
（2）充电桩：_____
（3）其他：_____

3. 设备及工具

（1）防护装备：_____
（2）设备及工具：_____

4. 安全要求及注意事项

（1）实训汽车停在实训工位上，没有经过老师批准不准起动，起动后，应检查车轮的安全顶块是否放好，驻车制动器是否拉好，换挡杆是否放在P挡(A/T)，确认车前是否有人；
（2）禁止触碰任何带安全警示标识的部件；
（3）实训期间禁止嬉戏打闹。

三、制订工作方案

根据任务，小组进行讨论，确定工作方案（流程/工序），并记录。

_____
_____
_____
_____

 实施和检查

根据制订的计划实施，完成以下任务并记录。

根据实训室的车辆配置,对新能源汽车充电系统进行故障诊断,并对车载充电器进行拆装。掌握本次实训课所使用仪器及设备的使用方法,并强调实训中的安全注意事项。

1. 车载充电器拆装

参照学习手册的内容,安装规范标准拆卸和安装车载充电器。

(1)拆卸车载充电器。

记录:_____

_____

(2)安装车载充电器。

记录:_____

_____

2. 充电口识别与检测

1)慢充口端子识别与检测

识别并检测慢充口端子,并填写在附图1-2-1表格中。

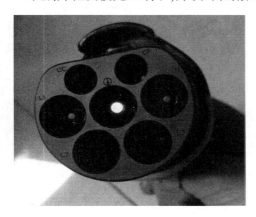
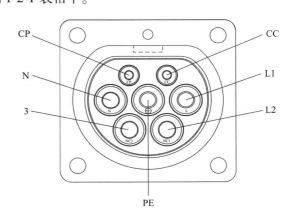

序号	端子名称	端子定义	上电时对地电压V	结　论
1	CC			
2	CP			
3	PE			
4	N			
5	L1			
6	L2/NC1			
7	L3/NC2			

附图1-2-1　慢充端子示意图

断电后测量以下电阻:

(1)CC与PE的电阻(开关松开):_____Ω,结论:_____

(2)CP与PE的电阻(开关压下):_____Ω,结论:_____

2)快充端口识别与检测

识别并检测快充口端子,并填写在附图1-2-2表格中。

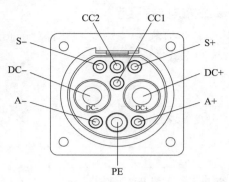

序号	端子名称	端子定义	上电时对地电压V	结论
1	DC −			
2	DC +			
3	PE			
4	A −			
5	A +			
6	CC1			
7	CC2			
8	S +			
9	S −			

附图1-2-2 快充端子示意图

断电后测量以下电阻:

(1)CC1与PE的电阻:_____,结论:_____
(2)CC2与PE的电阻:_____,结论:_____

评估

根据任务完成情况,学生自我评分,教师或指定组长过程巡视/验收检查时,若发现问题直接扣分。

评估项目(分值)	自我评估	小组评估	教师评估
资讯(5)			
计划和决策(5)			
实施和检查(10)			
合计(20)			
总评			

教师签名:_____

项目二　新能源汽车低压电源系统结构原理与检修

任务1　新能源汽车低压电源系统结构原理认知

学生姓名		班级		学号	
实训场地		学时		日期	
客户任务	有人认为既然插电式混合动力电动汽车和纯电动汽车上有动力蓄电池,那么就没必要再在其上安装传统燃油汽车的12V低压蓄电池,你认为他的观点正确吗?				
工作准备	(1)防护装备:常规实训着装。 (2)车辆、台架、总成:比亚迪E6\荣威E50\北汽EV160纯电动汽车;比亚迪秦\普锐斯混合动力汽车或其他同类新能源汽车。 (3)专用工具、设备:无。 (4)手工工具:无。 (5)辅助材料:无				
任务要求	能够介绍新能源汽车低压电源系统的特点与组成部件				

请阅读教材中的"相关知识",完成以下内容。
(1)新能源汽车12V电源系统与传统燃油汽车有何区别?

___

(2)DC/DC变换器的主要功能是什么?

___

(3)DC/DC变换器有几种类型?

___

(4)新能源汽车低压蓄电池有什么特点?

___

新能源汽车充电与辅助系统检修任务工单

计划和决策

请根据任务要求,确定所需要的场地和物品,并对小组成员进行合理分工,制订详细的工作计划。

一 制订人员分工

小组编号：_____ 组长：_____
小组成员：_____
你的任务：_____

二 准备场地及物品

检查并记录完成任务需要的场地、设备、工具及材料。

1. 场地

检查工作场地是否清洁及存在安全隐患,如不正常,请汇报老师并及时处理。
记录：_____

2. 车辆、充电桩、总成、工件

(1) 车辆：_____
(2) 充电桩：_____
(3) 其他：_____

3. 设备及工具

(1) 防护装备：_____
(2) 设备及工具：_____

4. 安全要求及注意事项

(1) 实训汽车停在实训工位上,没有经过老师批准不准起动,起动后,应检查车轮的安全顶块是否放好,驻车制动器是否拉好,换挡杆是否放在 P 挡(A/T),确认车前是否有人；
(2) 禁止触碰任何带安全警示标识的部件；
(3) 实训期间禁止嬉戏打闹。

三 制订工作方案

根据任务,小组进行讨论,确定工作方案(流程/工序),并记录。

_____
_____
_____

实施和检查

根据制订的计划实施,完成以下任务并记录。

根据实训室的车辆配置,识别新能源汽车 12V 低压电源系统,注意其安装位置、作用、组成以及与传统汽车的区别。

1. 典型纯电动汽车低压电源系统的特点与组成部件认知

(1) 比亚迪 E6 纯电动汽车 12V 低压电源系统。

(2) 荣威 E50 纯电动汽车 12V 低压电源系统。

(3) 北汽 EV160 纯电动汽车 12V 低压电源系统。

2. 典型混合动力电动汽车低压电源系统的特点与组成部件认知

(1) 比亚迪秦纯电动汽车 12V 低压电源系统。

(2) 普锐斯纯电动汽车 12V 低压电源系统。

评估

根据任务完成情况,学生自我评分,教师或指定组长过程巡视/验收检查时,若发现问题直接扣分。

评估项目(分值)	自我评估	小组评估	教师评估
资讯(5)			
计划和决策(5)			
实施和检查(10)			
合计(20)			
总评			

教师签名:＿＿＿＿＿＿

任务2 新能源汽车低压电源系统检修

学生姓名		班级		学号	
实训场地		学时		日期	
客户任务	一辆北汽新能源纯电动汽车,仪表显示蓄电池故障,同时动力系统故障灯点亮。你的主管把检修的任务安排给你,你能完成这个任务吗?				
工作准备	(1)防护装备:绝缘防护装备。 (2)车辆、台架、总成:北汽 E150EV/EV160/EV200 纯电动汽车或同类纯电动汽车。 (3)专用工具、设备:检测仪器、放电工具、万用表。 (4)手工工具:组合工具绝缘拆装工具一套;手电筒。 (5)辅助材料:高压警告牌;干净抹布				
任务要求	(1)能进行新能源汽车低压电源系统故障诊断。 (2)能进行新能源汽车 DC/DC 变换器的更换。 (3)能进行新能源汽车 PDU 的更换				

请阅读教材中的"相关知识",完成以下内容。
(1)12V 蓄电池亏电对纯电动汽车有什么影响?
___
___

(2)新能源汽车仪表报警"蓄电池故障"如何检修?
①可能原因:___
___

②检查与排除方法:___
___

(3)DC/DC 变换器发生故障时如何检修?
①P1792 DTC:___
___

②P1796 DTC
___
___

③DC/DC 变换器检查
___

计划和决策

请根据任务要求,确定所需要的场地和物品,并对小组成员进行合理分工,制订详细的工作计划。

一 制订人员分工

小组编号:_____ 组长:_____
小组成员:_____
你的任务:_____

二 准备场地及物品

检查并记录完成任务需要的场地、设备、工具及材料。

1. 场地

检查工作场地是否清洁及存在安全隐患,如不正常,请汇报老师并及时处理。
记录:_____

2. 车辆、充电桩、总成、工件

(1)车辆:_____
(2)充电桩:_____
(3)其他:_____

3. 设备及工具

(1)防护装备:_____
(2)设备及工具:_____

4. 安全要求及注意事项

(1)实训汽车停在实训工位上,没有经过老师批准不准起动,起动后,应检查车轮的安全顶块是否放好,驻车制动器是否拉好,换挡杆是否放在 P 挡(A/T),确认车前是否有人;
(2)禁止触碰任何带安全警示标识的部件;
(3)实训期间禁止嬉戏打闹。

三 制订工作方案

根据任务,小组进行讨论,确定工作方案(流程/工序),并记录。

_____
_____
_____

_____
_____

实施和检查

根据制订的计划实施,完成以下任务并记录。

根据实训室的车辆配置,识别新能源汽车 12V 低压电源系统,注意其安装位置、作用、组成以及与传统燃油汽车的区别。

1. 蓄电池或 DC/DC 变换器故障诊断

利用故障检测仪器和万用表等设备,进行 12V 蓄电池和 DC/DC 变换器故障诊断。

(1)故障代码 DTC 记录:_____
_____

(2)检查过程和结果记录:_____
_____

2. DC/DC 变换器更换

(1)拆卸过程记录:_____
_____

(2)安装过程记录:_____
_____

3. PDU 更换

(1)拆卸过程记录:_____
_____

(2)安装过程记录:_____
_____

评估

根据任务完成情况,学生自我评分,教师或指定组长过程巡视/验收检查时,若发现问题直接扣分。

评估项目(分值)	自我评估	小组评估	教师评估
资讯(5)			
计划和决策(5)			
实施和检查(10)			
合计(20)			
总评			

教师签名:_____

项目三　新能源汽车暖风及空调系统结构原理与检修

任务1　新能源汽车暖风及空调系统结构原理认知

学生姓名		班级		学号	
实训场地		学时		日期	
客户任务	作为一名新能源汽车专业人员，客户需要你向其详细介绍如何操控新能源汽车暖风及空调系统，以及新能源汽车暖风及空调系统配置的一些新功能的使用方法，你能完成这个任务吗？				
工作准备	(1)防护装备：常规实训着装。 (2)车辆、台架、总成：荣威 E50 或比亚迪 E6 等纯电动汽车。 (3)专用工具、设备：无。 (4)手工工具：无。 (5)辅助材料：无。				
任务要求	(1)能够正确操控新能源汽车的暖风系统。 (2)能够正确操控新能源汽车的空调系统				

请阅读教材中的"相关知识"，完成以下内容。
(1)新能源汽车暖风及空调系统与传统燃油汽车有什么区别？

(2)新能源汽车送风系统由哪些部件组成？

(3)描述新能源汽车暖风及空调系统面板各按键的功能。

(4)描述新能源汽车暖风系统的结构组成和工作原理。

(5)描述新能源汽车空调制冷系统的结构组成和工作原理。

计划和决策

请根据任务要求,确定所需要的场地和物品,并对小组成员进行合理分工,制订详细的工作计划。

一、制订人员分工

小组编号:＿＿＿＿＿＿＿＿＿＿＿＿＿＿＿组长:＿＿＿＿＿＿＿＿＿＿＿＿＿＿＿
小组成员:＿＿＿＿＿＿＿＿＿＿＿＿＿＿＿＿＿＿＿＿＿＿＿＿＿＿＿＿＿＿＿＿＿
你的任务:＿＿＿＿＿＿＿＿＿＿＿＿＿＿＿＿＿＿＿＿＿＿＿＿＿＿＿＿＿＿＿＿＿

二、准备场地及物品

检查并记录完成任务需要的场地、设备、工具及材料。

1. 场地

检查工作场地是否清洁及存在安全隐患,如不正常,请汇报老师并及时处理。
记录:＿＿＿＿＿＿＿＿＿＿＿＿＿＿＿＿＿＿＿＿＿＿＿＿＿＿＿＿＿＿＿＿＿＿

2. 车辆、充电桩、总成、工件

(1)车辆:＿＿＿＿＿＿＿＿＿＿＿＿＿＿＿＿＿＿＿＿＿＿＿＿＿＿＿＿＿＿＿
(2)充电桩:＿＿＿＿＿＿＿＿＿＿＿＿＿＿＿＿＿＿＿＿＿＿＿＿＿＿＿＿＿＿
(3)其他:＿＿＿＿＿＿＿＿＿＿＿＿＿＿＿＿＿＿＿＿＿＿＿＿＿＿＿＿＿＿＿

3. 设备及工具

(1)防护装备:＿＿＿＿＿＿＿＿＿＿＿＿＿＿＿＿＿＿＿＿＿＿＿＿＿＿＿＿＿
(2)设备及工具:＿＿＿＿＿＿＿＿＿＿＿＿＿＿＿＿＿＿＿＿＿＿＿＿＿＿＿＿

4. 安全要求及注意事项

(1)实训汽车停在实训工位上,没有经过老师批准不准起动,起动后,应检查车轮的安全顶块是否放好,驻车制动器是否拉好,换挡杆是否放在 P 挡(A/T),确认车前是否有人;
(2)禁止触碰任何带安全警示标识的部件;
(3)实训期间禁止嬉戏打闹。

三、制订工作方案

根据任务,小组进行讨论,确定工作方案(流程/工序),并记录。

实施和检查

根据制订的计划实施,完成以下任务并记录。

1. 观察纯电动汽车的空调面板,说明其与传统燃油汽车空调面板的区别。

记录:_____

2. 阅读随车提供的用户手册,以及"学习手册"的相关内容,操作实训车辆的暖风和空调制冷系统。

(1)暖风系统操作记录:_____

(2)制冷系统操作记录:_____

评估

根据任务完成情况,学生自我评分,教师或指定组长过程巡视/验收检查时,若发现问题直接扣分。

评估项目(分值)	自 我 评 估	小 组 评 估	教 师 评 估
资讯(5)			
计划和决策(5)			
实施和检查(10)			
合计(20)			
总评			

教师签名:_____

任务 2　新能源汽车暖风及空调系统检修

学生姓名		班级		学号	
实训场地		学时		日期	
客户任务	有一辆比亚迪 E6 纯电动汽车,客户反应空调出风口温度偏高。你的主管把对该车的诊断与检修任务分配给你,你能完成这个任务吗?				
工作准备	(1)防护装备:绝缘防护装备。 (2)车辆、台架、总成:北汽新能源纯电动汽车,比亚迪 E6 纯电动汽车或同类纯电动汽车。 (3)专用工具、设备:万用表;歧管压力表;电子检漏仪;真空泵;制冷剂回收机。 (4)手工工具:绝缘组合拆装工具。 (5)辅助材料:干净的抹布;压缩机油;制冷剂。				
任务要求	(1)能够检测暖风系统的主要部件。 (2)能够进行 PTC 加热芯的更换。 (3)能够进行新能源汽车空调制冷系统基本检查。 (4)能够进行新能源汽车空调制冷剂加注。				

请阅读教材中的"相关知识",完成以下内容。
(1)新能源汽车暖风系统有什么特点?
_____
_____

(2)描述新能源汽车暖风系统的故障检修流程?
_____
_____

(3)描述比亚迪 E6 纯电动汽车暖风系统的部件检测方法?
_____
_____

(4)新能源汽车空调制冷系统有什么特点?
_____
_____

(5)描述电动空调压缩机的作用和结构原理。
_____
_____

(6)描述空调系统常见故障及可能部位。
_____
_____

计划和决策

请根据任务要求,确定所需要的场地和物品,并对小组成员进行合理分工,制订详细的工作计划。

一　制订人员分工

小组编号:_____ 组长:_____
小组成员:_____
你的任务:_____

二　准备场地及物品

检查并记录完成任务需要的场地、设备、工具及材料。

1. 场地

检查工作场地是否清洁及存在安全隐患,如不正常,请汇报老师并及时处理。
记录:_____

2. 车辆、充电桩、总成、工件

（1）车辆:_____
（2）充电桩:_____
（3）其他:_____

3. 设备及工具

（1）防护装备:_____
（2）设备及工具:_____

4. 安全要求及注意事项

（1）实训汽车停在实训工位上,没有经过老师批准不准起动,起动后,应检查车轮的安全顶块是否放好,驻车制动器是否拉好,换挡杆是否放在 P 挡(A/T),确认车前是否有人;
（2）禁止触碰任何带安全警示标识的部件;
（3）实训期间禁止嬉戏打闹。

三　制订工作方案

根据任务,小组进行讨论,确定工作方案(流程/工序),并记录。

_____
_____
_____
_____
_____

实施和检查

根据制订的计划实施,完成以下任务并记录。

根据实训室的车辆配置,对纯电动汽车暖风系统进行检修。掌握本次实训课所使用仪器及设备的使用方法,并强调实训中的安全注意事项。

1. 新能源汽车 PTC 加热芯的拆卸、检测和安装

1)新能源汽车 PTC 加热芯拆卸

记录:_____

2)新能源汽车 PTC 加热芯检测

(1)温控开关。

_____

(2)PTC 制热模块的检查。

_____

3)PTC 加热器芯的安装

记录:_____

2. 新能源汽车空调系统的基本检查和制冷剂加注

1)新能源汽车制冷系统的基本检查

记录:_____

2)新能源汽车空调制冷剂的加注

记录:_____

评估

根据任务完成情况,学生自我评分,教师或指定组长过程巡视/验收检查时,若发现问题直接扣分。

评估项目(分值)	自我评估	小组评估	教师评估
资讯(5)			
计划和决策(5)			
实施和检查(10)			
合计(20)			
总评			

教师签名:_____

项目四　新能源汽车制动及转向系统结构原理与检修

任务1　新能源汽车电控制动系统结构原理与检修

学生姓名		班级		学号	
实训场地		学时		日期	
客户任务	一辆北汽新能源纯电动汽车,前机舱一直有"嗡嗡"的声音,制动无助力,有时车辆无法加速(车辆限速)。技术主管判断此现象为电动真空助力系统故障,作为一名纯电动汽车售后服务人员,你能够完成检修任务吗?				
工作准备	(1)防护装备:常规实训着装。 (2)车辆、台架、总成:新能源汽车制动系统示教板;北汽新能源纯电动汽车,丰田普锐斯混合动力电动汽车或其他同类新能源汽车。 (3)专用工具、设备:汽车举升机,故障诊断仪,真空表,制动系统空气排放设备。 (4)手工工具:组合工具。 (5)辅助材料:制动液				
任务要求	(1)能够识别并介绍纯电动汽车、混合动力汽车制动系统组成部件。 (2)能够进行纯电动汽车制动电动真空助力系统的拆装。 (3)能够进行纯电动汽车电动真空助力系统的测试。 (4)能够进行混合动力汽车制动管路放气、传感器更换与调整				

请阅读教材中的"相关知识",完成以下内容。
(1)新能源汽车制动系统与传统燃油汽车有何区别?

(2)纯电动汽车电动真空助力系统有哪些主要组成部件?

(3)根据电动真空助力系统电路,分析系统的工作过程。

(4)混合动力电动汽车制动系统有哪些主要组成部件?
_____
_____

(5)混合动力电动汽车制动控制系统检修的注意事项有哪些?
_____
_____

(6)什么是制动能量回收系统?
_____
_____

(7)制动能量回收系统的回收模式有哪些?
_____
_____

计划和决策

请根据任务要求,确定所需要的场地和物品,并对小组成员进行合理分工,制订详细的工作计划。

一 制订人员分工

小组编号:_____ 组长:_____
小组成员:_____
你的任务:_____

二 准备场地及物品

检查并记录完成任务需要的场地、设备、工具及材料。

1. 场地

检查工作场地是否清洁及是否存在安全隐患,如不正常,请汇报老师并及时处理。
记录:_____

2. 车辆、充电桩、总成、工件

(1)车辆:_____
(2)充电桩:_____
(3)其他:_____

3. 设备及工具

(1)防护装备:_____
(2)设备及工具:_____

4. 安全要求及注意事项

（1）实训汽车停在实训工位上，没有经过老师批准不准起动，起动后，应检查车轮的安全顶块是否放好，驻车制动器是否拉好，换挡杆是否放在 P 挡（A/T），确认车前是否有人；

（2）禁止触碰任何带安全警示标识的部件；

（3）实训期间禁止嬉戏打闹。

三 制订工作方案

根据任务，小组进行讨论，确定工作方案（流程/工序），并记录。

_____
_____
_____
_____
_____

实施和检查

根据制订的计划实施，完成以下任务并记录。

根据实训室的车辆配置，识别纯电动汽车和混合动力电动汽车的制动系统部件，查找制动系统新增部件的位置，并讲解控制原理；对纯电动汽车和混合动力电动汽车的制动系统进行测试、调整及检修。

1. 新能源汽车制动系统元件识别

1）纯电动汽车制动系统的元件识别

以实训车辆为例，在车辆中查找到以下纯电动汽车制动系统相关部件（附图 4-1-1），并标注在下列车辆示意图上，并填写附表 4-1-1 的内容：

（1）真空泵；

（2）真空罐；

（3）真空压力传感器；

（4）真空泵控制器。

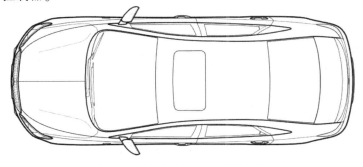

附图 4-1-1　纯电动汽车制动系统部件的作用

纯电动汽车制动系统相关部件　　　　　　　　　　　　　　附表 4-1-1

序号	名　　称	作用描述	备　　注
1	真空泵		
2	真空罐		
3	真空压力传感器		
4	真空泵控制器		
5	其他部件		

2）混合动力电动汽车制动系统的元件识别

以实训车辆为例，在车辆中查找到以下混合动力电动汽车制动系统相关部件（附图 4-1-2），并标注在下列车辆示意图上，并填写附表 4-1-2 的内容：

（1）制动踏板行程传感器；

（2）制动灯开关；

（3）行程模拟器；

（4）制动防滑控制 ECU；

（5）制动执行器；

（6）制动总泵；

（7）备用电源装置。

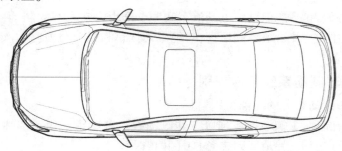

附图 4-1-2　混合动力电动汽车制动系统部件的作用

混合动力电动汽车制动系统相关部件　　　　　　　　　　　附表 4-1-2

序号	名　　称	作用描述	备　　注
1	制动踏板行程传感器		
2	制动灯开关		
3	行程模拟器		
4	制动防滑控制 ECU		
5	制动执行器		
6	制动总泵		
7	备用电源装置		
8	其他部件		

2. 电动真空助力制动系统的拆装

实训老师根据实训条件组织学生对电动真空助力系统进行拆装实训,熟悉电动真空助力系统的拆装及工作流程。

警告:严禁未参加该车型系统知识培训的维修人员拆卸或安装该车辆元件,避免发生高压触电危险。

1)真空助力制动系统拆卸

拆卸记录:_____
_____

2)真空助力制动系统安装

安装记录:_____
_____

3. 电动真空助力制动系统与真空泵的测试

1)电动真空助力制动系统的测试

(1)测试记录:_____
_____

(2)测试结论:_____
_____

2)真空泵的测试

(1)测试记录:_____
_____

(2)测试结论:_____
_____

4. 混合动力制动系统的检修

1)制动系统放气

记录:_____
_____

2)制动踏板行程传感器的更换

(1)更换记录:_____
_____

(2)传感器的检查结果:_____
_____

3)制动踏板位置传感器的调整

(1)调整记录:
_____
_____

(2)踏板自由行程与传感器的检查结果：
_____
_____

评估

根据任务完成情况，学生自我评分，教师或指定组长过程巡视/验收检查时，若发现问题直接扣分。

评估项目(分值)	自我评估	小组评估	教师评估
资讯(5)			
计划和决策(5)			
实施和检查(10)			
合计(20)			
总评			

教师签名：_____

任务2　新能源汽车电动转向系统结构原理与检修

学生姓名		班级		学号	
实训场地		学时		日期	
客户任务	一辆荣威 E50 纯电动汽车,客户反映转向沉重,你的主管判断是助力转向控制器故障,需要对其进行更换,你能完成这个任务吗?				
工作准备	(1)防护装备:绝缘防护装备。 (2)车辆、台架、总成:荣威 E50,北汽新能源纯电动汽车或其他新能源汽车。 (3)专用工具、设备:举升机。 (4)手工工具:组合工具,仪表板拆装工具。 (5)辅助材料:无				
任务要求	(1)能够正确分析并排除电动转向系统的常见故障。 (2)能够更换电动转向系统控制器				

资讯

请阅读教材中的"相关知识",完成以下内容。
(1)描述电动转向系统的作用与类型。
①作用:＿＿＿＿＿＿＿＿＿＿＿＿＿＿＿＿＿＿＿＿＿＿＿＿＿＿＿＿＿＿＿＿＿＿＿＿
②类型:＿＿＿＿＿＿＿＿＿＿＿＿＿＿＿＿＿＿＿＿＿＿＿＿＿＿＿＿＿＿＿＿＿＿＿＿
(2)描述电动转向系统的组成、结构和工作原理。
①转向机、转向柱轴、减速机构:

②电机:

③转矩传感器:

④EPS 控制器:

⑤工作原理描述:

(3)电动转向系统检修。
①转向力的检查方法:＿＿＿＿＿＿＿＿＿＿＿＿＿＿＿＿＿＿＿＿＿＿＿＿＿＿＿＿
②操作注意事项:＿＿＿＿＿＿＿＿＿＿＿＿＿＿＿＿＿＿＿＿＿＿＿＿＿＿＿＿＿＿

③常见的故障现象、原因与排除方法：_____
_____

📋 计划和决策

请根据任务要求，确定所需要的场地和物品，并对小组成员进行合理分工，制订详细的工作计划。

一、制订人员分工

小组编号：_____　　　　　组长：_____
小组成员：_____
你的任务：_____

二、准备场地及物品

检查并记录完成任务需要的场地、设备、工具及材料。

1. 场地

检查工作场地是否清洁及存在安全隐患，如不正常，请汇报老师并及时处理。
记录：_____

2. 车辆、充电桩、总成、工件

(1)车辆：_____
(2)充电桩：_____
(3)其他：_____

3. 设备及工具

(1)防护装备：_____
(2)设备及工具：_____

4. 安全要求及注意事项

(1)实训汽车停在实训工位上，没有经过老师批准不准起动，起动后，应检查车轮的安全顶块是否放好，驻车制动器是否拉好，换挡杆是否放在 P 挡(A/T)，确认车前是否有人；
(2)禁止触碰任何带安全警示标识的部件；
(3)实训期间禁止嬉戏打闹。

三、制订工作方案

根据任务，小组进行讨论，确定工作方案(流程/工序)，并记录。
_____

实施和检查

根据制订的计划实施,完成以下任务并记录。

根据实训室的车辆配置,对电动助力转向系统的控制器和本体(根据条件选做)进行拆装。注意仪器及设备的使用方法,并强调实训中的安全注意事项。

1. EPS 控制器的拆卸

记录:_____

2. EPS 控制器的安装

记录:_____

评估

根据任务完成情况,学生自我评分,教师或指定组长过程巡视/验收检查时,若发现问题直接扣分。

评估项目(分值)	自我评估	小组评估	教师评估
资讯(5)			
计划和决策(5)			
实施和检查(10)			
合计(20)			
总评			

教师签名:_____

项目五　新能源汽车其他辅助系统结构原理与检修

任务1　新能源汽车车载局域网络系统结构原理与检修

学生姓名		班级		学号	
实训场地		学时		日期	
客户任务	对一辆北汽新能源纯电动汽车采用诊断仪读取故障码,发现诊断仪不能与车辆所有的控制模块通信,你知道问题出在哪里吗?				
工作准备	(1)防护装备:常规实训着装。 (2)车辆、台架、总成:带车载局域网络系统的整车或示教版。 (3)专用工具、设备:万用表。 (4)手工工具:组合拆装工具。 (5)辅助材料:无				
任务要求	(1)能识读车载网络 CAN 系统的拓扑图。 (2)能进行诊断座 CAN 终端电阻进行测量				

资讯

请阅读教材中的"相关知识",完成以下内容。
(1)描述 CAN 系统的定义。

(2)描述 CAN 系统数据总线的优点。

(3)描述 CAN 系统的结构组成。

(4)描述 CAN 系统的工作原理。

(5)描述 CAN 系统的信息传输过程。

(6)描述比亚迪和北汽新能源纯电动汽车 CAN 系统的特点。
_____
_____

(7)描述 CAN 系统故障特点和检修方法。
_____
_____
_____

计划和决策

请根据任务要求,确定所需要的场地和物品,并对小组成员进行合理分工,制订详细的工作计划。

一 制订人员分工

小组编号:_____ 组长:_____
小组成员:_____
你的任务:_____

二 准备场地及物品

检查并记录完成任务需要的场地、设备、工具及材料。

1. 场地

检查工作场地是否清洁及存在安全隐患,如不正常,请汇报老师并及时处理。
记录:_____

2. 车辆、充电桩、总成、工件

(1)车辆:_____
(2)充电桩:_____
(3)其他:_____

3. 设备及工具

(1)防护装备:_____
(2)设备及工具:_____

4. 安全要求及注意事项

(1)实训汽车停在实训工位上,没有经过老师批准不准起动,起动后,应检查车轮的安全顶块是否放好,驻车制动器是否拉好,换挡杆是否放在 P 挡(A/T),确认车前是否有人;
(2)禁止触碰任何带安全警示标识的部件;
(3)实训期间禁止嬉戏打闹。

三 制订工作方案

根据任务,小组进行讨论,确定工作方案(流程/工序),并记录。

_____
_____
_____
_____

实施和检查

根据制订的计划实施,完成以下任务并记录。

根据实训室的车辆配置,对完成以下 CAN 系统相关的操作。注意仪器及设备的使用方法,并强调实训中的安全注意事项。

本操作任务包括 2 个子任务:

1. CAN 系统的拓扑图识读

利用实训室车载局域网络示教版,结合拓扑图,认识 CAN 系统的结构组成,描述其控制原理。

记录:_____
_____

2. CAN 系统终端电阻的测量

记录:_____
_____

测量结果:_____   是否正常:_____

评估

根据任务完成情况,学生自我评分,教师或指定组长过程巡视/验收检查时,若发现问题直接扣分。

评估项目(分值)	自我评估	小组评估	教师评估
资讯(5)			
计划和决策(5)			
实施和检查(10)			
合计(20)			
总评			

教师签名:_____

任务2　新能源汽车车载互联网系统认知与应用

学生姓名		班级		学号	
实训场地		学时		日期	
客户任务	作为一名新能源汽车售后服务顾问，客户需要你向她详细介绍新能源汽车的车载互联网系统，以及车载互联系统网功能的使用，你能完成吗？				
工作准备	(1)防护装备：常规实训着装。 (2)车辆、台架、总成：北汽新能源纯动汽车或带车载互联网系统的整车或示教版。 (3)专用工具、设备：无。 (4)手工工具：无。 (5)辅助材料：对应车辆的用户手册				
任务要求	(1)能够正确介绍车载互联网系统构成。 (2)能够进行车载互联网系统操作				

请阅读教材中的"相关知识"，完成以下内容。

(1)什么是车载互联网系统？

(2)车载互联系统的产业链是哪些？具有什么功能？

(3)车载互联网系统对我们的生活有什么意义？

(4)车载互联网系统有什么特性？

(5)车联网在实际中有哪些应用方式？

(6)北汽新能源汽车车载终端有哪些功能？

(7)北汽新能源汽车用户手机App如何下载及使用?
___
___

计划和决策

请根据任务要求,确定所需要的场地和物品,并对小组成员进行合理分工,制订详细的工作计划。

一 制订人员分工

小组编号:_____ 组长:_____
小组成员:_____
你的任务:_____

二 准备场地及物品

检查并记录完成任务需要的场地、设备、工具及材料。

1. 场地
检查工作场地是否清洁及存在安全隐患,如不正常,请汇报老师并及时处理。
记录:_____

2. 车辆、充电桩、总成、工件
(1)车辆:_____
(2)充电桩:_____
(3)其他:_____

3. 设备及工具
(1)防护装备:_____
(2)设备及工具:_____

4. 安全要求及注意事项
(1)实训汽车停在实训工位上,没有经过老师批准不准起动,起动后,应检查车轮的安全顶块是否放好,驻车制动器是否拉好,换挡杆是否放在P挡(A/T),确认车前是否有人;
(2)禁止触碰任何带安全警示标识的部件;
(3)实训期间禁止嬉戏打闹。

三 制订工作方案

根据任务,小组进行讨论,确定工作方案(流程/工序),并记录。

实施和检查

根据制订的计划实施,完成以下任务并记录。

根据实训室的车辆配置,对完成以下车载互联网及系统相关的操作。

1. 利用互联网查询车载互联网系统的现状和发展

打开电脑或移动终端的浏览器,利用"百度"等浏览器搜索功能,搜索"车载互联网/车联网;现状;发展"等关键词,查询并记录相关的信息。

2. 操作互联网查询车载互联网系统

根据整车或示教版,参与车主手册,进行车载互联网系统的操作。

评估

根据任务完成情况,学生自我评分,教师或指定组长过程巡视/验收检查时,若发现问题直接扣分。

评估项目(分值)	自 我 评 估	小 组 评 估	教 师 评 估
资讯(5)			
计划和决策(5)			
实施和检查(10)			
合计(20)			
总评			

教师签名:＿＿＿＿＿＿＿＿

职业教育新能源汽车技术专业创新教材

新能源汽车概论（第2版）

新能源汽车高压安全与防护（第2版）

新能源汽车动力电池与驱动电机（第2版）

新能源汽车充电与辅助系统检修

新能源汽车维护与故障诊断（第2版）

智能网联汽车概论

ISBN 978-7-114-17921-1

定价：48.00元
（含教材 + 任务工单）